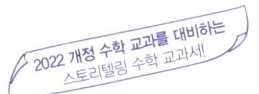

오일러와 피노키오는
도형 춤 대회
1등을 했어

초등 3·4학년 수학동화 시리즈 ❸
오일러와 피노키오는 도형춤 대회 1등을 했어(개정판)

3판 1쇄 발행 2024년 2월 15일

글쓴이 이안
그린이 한수언

펴낸이 이경민
펴낸곳 ㈜동아엠앤비
출판등록 2014년 3월 28일(제25100-2014-000025호)
주소 (03972) 서울특별시 마포구 월드컵북로 22길 21, 2층
전화 (편집) 02-392-6901 (마케팅) 02-392-6900
팩스 02-392-6902
전자우편 damnb0401@naver.com
SNS

ⓒ 이안, 한수언

ISBN 979-11-6363-759-2 (74410)
　　　979-11-6363-750-9(세트)

※ 책 가격은 뒤표지에 있습니다.
※ 잘못된 책은 구입한 곳에서 바꿔 드립니다.

도서출판 뭉치는 ㈜동아엠앤비의 어린이 출판 브랜드로, 아이들의 지식을 단단하게 만들어 주고, 아이들의 창의력과 사고력을 키워 주어 우리 자녀들이 융합형 창의 사고 뭉치로 성장할 수 있도록 좋은 책을 만들겠습니다.

추천의 글

　우리 자녀가 수학도 잘하고, 언어도 잘하면 얼마나 좋을까요? 지름길이 있어요! 바로 수학을 동화 속에서 만나는 것이지요. 수리적인 우뇌와 언어영역인 좌뇌의 성장을 골고루 촉진하는 방법은 바로 스토리텔링으로 하는 수학, 수학동화니까요.

　이 책은 초등 3, 4학년 학생이 읽으면 5, 6학년 수학 내용을 쉽고도 재미있게 터득하도록 기획하였어요. 아이들이 그 동안 알고 있던 동화의 주인공들이 모두 등장하여 화려하고 역동적인 무대가 펼쳐진답니다. 별주부전의 용왕님과 자라, 코가 길어졌던 피노키오, 착한 콩쥐와 심술쟁이 팥쥐, 새엄마와 언니들한테 괄시받다 왕자님과 결혼한 신데렐라, 가난했지만 착했던 흥부, 빨간 구두의 소녀 카렌 등 많은 동화 속의 주인공들이 등장하여 이야기를 흥미진진하게 이끌어가지요. 어렸을 적에 동화 속에서 만났던 주인공들의 이야기는 학습이 이루어지는 시냅스의 연결망에 흔적을 남기고, 훗날 교과서에서 수학을 배울 때 시냅스의 연결망이 자연스레 작동을 하게 되는 거죠.

　책 사이사이에 있는 Tips은 부모님들에게도 교양서의 역할을 톡톡히 할 것입니다. 아이돌 가수의 수는 왜 홀수일까? 옛날 이집트인의 계산법, 공평하게 케이크를 나누는 방법 등을 배울 수 있어요.

한편 2022년 개정 수학교과 과정에서는 수와 연산, 변화와 관계, 도형과 측정, 자료와 가능성 등 4개 영역으로 통합하였습니다. 이는 초등과 중등의 연계성 강화입니다. 〈초등 3·4학년 수학동화〉 시리즈는 교과 과정 변화에도 공통적으로 성취해야 할 수학 학습 내용이 모두 들어 있습니다. 부모님이 읽은 후 인지하여 서서히 생활 속에서 아이들과 대화를 이끌어나가면 중학수학, 고등수학에서도 유능하고 현명하게 소통하는 부모의 역할을 충분히 잘할 수 있답니다.

현재 세계 수학 교육의 방향을 선도하며 영향력을 미치는 기구로 1920년에 수학 교육 전문가들로 구성된 미국수학교사협의회(NCTM, The National Council of Teachers of Mathematics)가 있습니다. 21세기 인재 양성을 위해 NCTM에서 제시하는 수학 교육의 목표는, 수학적 문제를 해결하는 사람, 수학적으로 의사소통하는 사람, 수학적으로 추론하는 사람입니다. 부디 자녀와 학부모에게 수학적으로 소통할 수 있는 가교의 역할을 하길 기대하면서 이 책을 추천합니다.

계영희

고신대학교 유아교육과 명예교수, 전 한국수학사학회 부회장

작가의 말

2022년 개정 교육과정이 발표되었습니다. 수학 교과서도 검정으로 바뀌었어요. 학교마다 다른 교과서를 사용하지만 여전히 단원 시작 부분에는 스토리텔링을 통해 아이들의 학습 흥미를 유도하고 있어요. 그만큼 스토리텔링 수학은 여전히 중요하답니다.

"어쩌지? 이젠 단지 계산만 하는 수학이 아니라잖아."
"그래. 문장과 내용 이해도가 높아야 수학도 잘할 수 있대."

무엇을 어떻게 공부해야할지 몰라서 우왕좌왕하는 학생과 학부모가 많아졌지요. 하지만 걱정할 필요가 없어요. 「초등3·4학년 수학동화」를 통해 이 모든 문제를 해결할 수 있거든요.

「초등3·4학년 수학동화」는 어린 시절부터 편안하게 들어오던 명작동화를 통해 어려운 수학을 재미있게 공부하고, 쉽게 이해하도록 구성된 책이에요. 이 책 속에는 아주 많은 명작동화의 주인공들이 등장해요. 거짓말을 하면 코가 늘어나는 피노키오와 이상한 나라로 가 버린 앨리스, 그리고 집을 찾아야 하는 도로시 등…….

이들이 수학책에 왜 등장하냐고요?

혹시 이런 생각을 해본 적은 없나요? 피노키오나 앨리스 그리고 도로시 등의 명작동화 주인공들은 수학을 잘했을까? 만약 수학을 잘했다면 주인공들이 처한 어려운 상황을 훨씬 잘 극복하지 않았을까? 수학은 단지 셈만 잘하게 만드는 게 아니거든요. 수 계산을 하다 보면 그 속에서 생각이 깊어지고, 상상력이 커지면

서 지혜가 생겨난답니다.

　이 책의 주인공은 오일러라는 소년이에요. 여러분 나이 또래의 아이지요. 오일러는 어느 날 애견 매씨와 함께 동화나라로 가게 되고, 그곳에서 명작동화에서 보았던 많은 주인공들을 만나게 되지요.

　그런데 동화나라의 주인공들은 모두 엉터리 도형의 세계에 빠져 있지 뭐예요. 그 때문에 피노키오는 코가 계속 길어지고, 도로시는 집으로 돌아갈 집을 찾을 수가 없어요.

　왜 이런 일이 벌어진 걸까요?

　지금부터 여러분이 할 일은 바로 오일러, 매씨 그리고 동화 속 주인공들과 함께 그 이유를 찾아내는 거예요. 그리고 잘못된 도형 정보를 바로잡아서 위기에 빠진 주인공들을 구해내는 거지요.

　어려울 것 같다고요?

　천만에요. 오일러와 매씨와 함께라면 어려울 것도 두려울 것도 없답니다. 명작동화 속 주인공들과 떠나는 특별한 수학여행이니까요.

　자, 이제 책장을 넘겨 보세요.

　오일러를 따라 동화나라로 가기만 하면 된답니다. 명작동화 속 인물들과 함께 도형을 가지고 놀다 보면 저만치 떨어져서 뒹구는 배꼽을 발견하게 될지도 몰라요. 그리고 문득 정신을 차려 보면 도형 박사가 된 자신을 깨닫게 되지요. 그래서 이렇게 소리치게 될 게 분명해요.

　"우와! 명작동화 친구들과 하는 도형 놀이가 세상에서 제일 재미있어!"

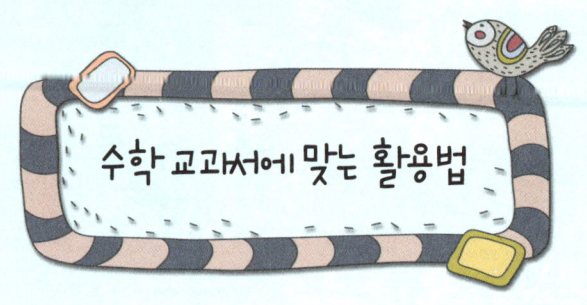

수학 교과서에 맞는 활용법

    2012년 1월 교육과학기술부는 사고력과 창의력을 키우고, 수학에 대한 흥미와 긍정적 인식을 높이기 위한 〈수학교육 선진화 방안〉을 발표하였습니다. 이 수학 교육 선진화 방안의 일환으로 '스토리텔링 수학'이 도입되었습니다. 개정된 수학 교과서는 형식은 스토리텔링 수학을, 내용에서는 실생활 연계 통합교과형(STEAM) 수학을 보여주었습니다.

    스토리텔링 수학의 핵심은 수학을 단순히 연산능력이나 공식 암기로 생각하지 않도록 이야기를 활용해 쉽고 재미있게 배운다는 것입니다. 학생들에게 실생활이나 동화의 익숙한 상황을 제시해 수학에 대해 호기심과 흥미를 유발할 뿐 아니라, 더 나아가 수학에 대한 인식을 개선하고 스스로 학습하는 동기를 부여합니다. 예를 들어 수학을 실생활에서 이야기나 과학, 음악, 미술 등의 연계 과목과 함께 접목해 설명하면서 개념을 보다 쉽게 이해하게 하는 학습법입니다.

    이후 2022 개정 교육과정이 발표되었습니다. 수학 교과서가 검정으로 바뀐 뒤 학교마다 다른 교과서를 사용하지만 기본적으로 꼭 알아야 할 성취 기준은 공통입니다. 또한 초중등 수학의 목표는 '초등과 중등의 연계성 강화'입니다. 이를 위해 교과 영역을 통합하고 과정을 간소화합니다. 즉 크게 수와 연산, 변화와 관계, 도형과 측정, 자료와 가능성 등 4개 영역으로 통합하였습니다. 하지만 여

전히 단원 시작은 스토리텔링을 통해 학생들의 호기심과 흥미를 유발합니다.

그럼 스토리텔링 수학은 어떻게 준비해야 할까요? 전문가들은 일상에서 수학적 요소를 파악하는 것에 재미를 느낄 수 있도록 체험 활동과 독서 활동을 추천합니다.

「초등 3·4학년 수학동화」 시리즈는 이러한 수학교육의 변화에 맞춘 학습 동화입니다. 아이들에게 익숙한 명작동화나 전래동화의 주인공들과 저명한 수학자의 이름을 가진 주인공들이 동화나라를 구하기 위해 여러 가지 모험을 펼치는 이야기로 주인공들을 따라가다 보면 자연스럽게 학습 내용을 익히도록 구성되었습니다. 또한 한 장이 끝날 때마다 앞에서 배운 내용들을 정리하고, 책 속 부록인 '역사에서 수학 읽기', '생활 속에서 수학 읽기', '체육에서 수학 읽기' 등은 생활 연계 통합교과형 수학에 부합하도록 구성되어 있습니다.

「초등 3·4학년 수학동화」 시리즈는 수학을 좀 더 재미있고 쉽게 배울 수 있는 최적의 수학 동화 시리즈입니다. 동화 속 주인공들과 함께 신나는 모험을 떠나 보세요. 그러면 자신도 모르는 사이에 수학 개념과 문제 해결 방법을 깨닫고 수학에 흥미를 가지게 될 것입니다.

편집부

친구들을 소개할게요.

매씨
오일러의 애완견으로, 사실은 동화 나라에 파견된 수학탐지견이에요. 인간 세상의 수학 원리를 항상 점검하고 동화나라에 보고하는 일을 한답니다.

오일러
매일매일 학교에서 수학 수업만 했으면 하고 바라는, 수학을 엄청 좋아하는 아이에요. 항상 자나 각도기, 컴퍼스 같은 도구를 넣어둔 '수학 가방'을 메고 다녀요.

피노키오
도형춤 대회에 참가하기 위해 춤 연습만 했을 뿐인데 코가 자꾸 커져서 울고 있다가 오일러와 매씨를 만나 함께 여행을 떠나게 돼요.

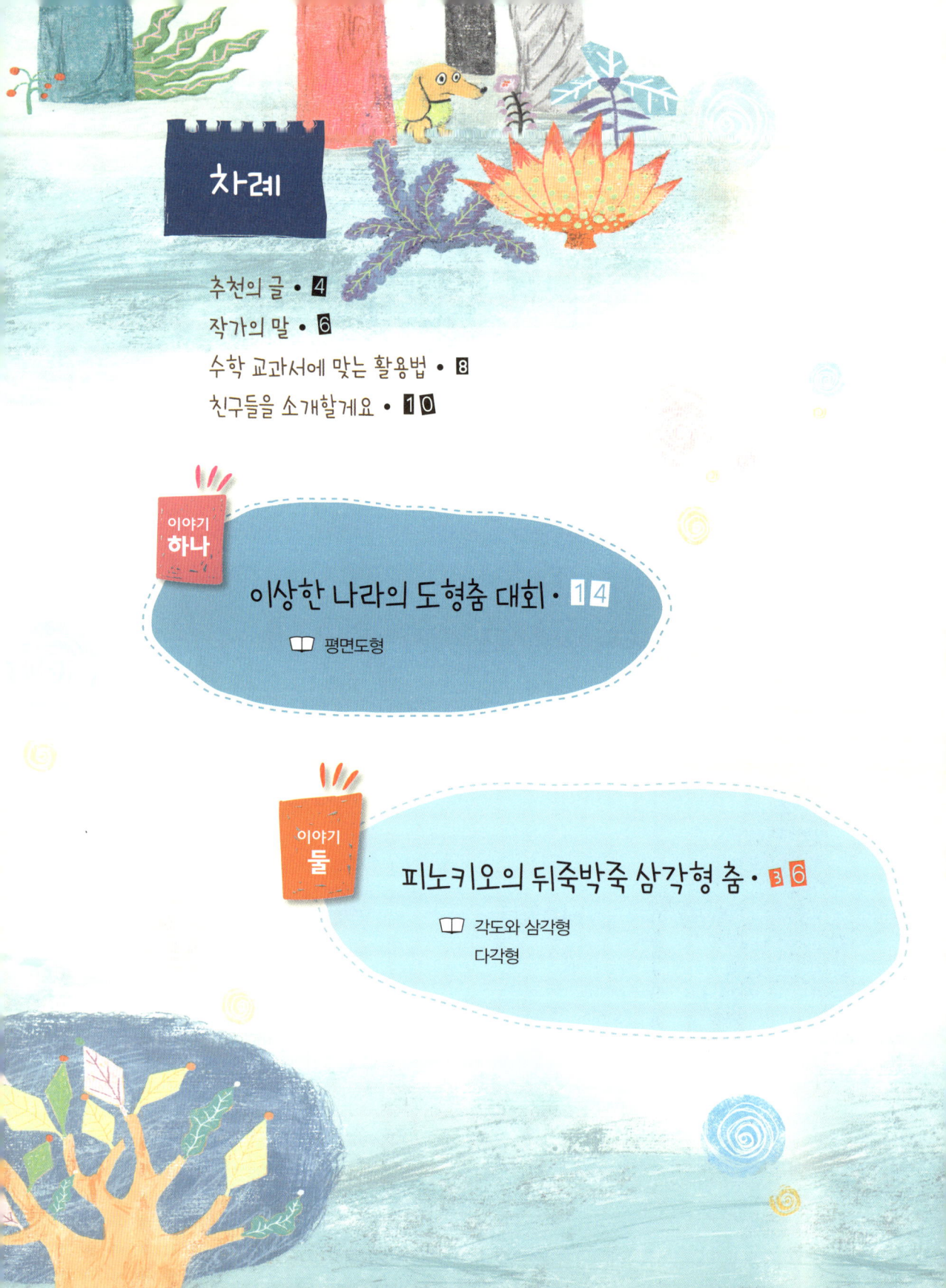

차례

추천의 글 • 4
작가의 말 • 6
수학 교과서에 맞는 활용법 • 8
친구들을 소개할게요 • 10

이야기 하나
이상한 나라의 도형춤 대회 • 14
📖 평면도형

이야기 둘
피노키오의 뒤죽박죽 삼각형 춤 • 36
📖 각도와 삼각형
　　다각형

이상한 나라의 도형 춤 대회

평면도형

오일러는 수학을 좋아하는 아이예요. 그래서 학교에서도 수학시간만 되면 두 눈이 반짝반짝 빛나지요.

"수학은 정말 재밌어. 시간표에 수학 수업만 있다면 얼마나 좋을까?"

하지만 수학 시간은 일주일에 고작해야 네 번이나 다섯 번! 오늘도 겨우 한 시간뿐인 수학 수업에 만족해야 했던 오일러는 아쉬움이 클 수밖에요.

집으로 돌아오는 하굣길, 아쉬운 마음에 오일러는 어깨에 멘 '수학 가방'을 열었어요. '수학 가방'은 작은 백팩인데, 오일러가 평소 좋아하는 수학 도구들을 넣고 다니는 가방이에요. 연필, 자, 각도기, 컴퍼스 등 기본 도구는 물론이고 시계, 큐브퍼즐 등이 들어 있어서 오일러는 필요할 때마다 이것들을 꺼내서 공부도 하고 놀이도 하지요. 오일러에게는 보물 가방이나 마찬가지예요.

집을 저만치 앞둔 길에서 오일러가 막 수학 가방 속의 긴 자를 하나 꺼내는 참이었어요.

"멍멍멍!"

낯익은 이 소리는?

매씨였어요. 매씨는 오일러의 애완견인데, 오일러가 하교할 시간이면 늘 이렇게 마중을 나오지요.

"매씨! 잘 놀았어?"

오일러가 머리를 쓰다듬어주자, 매씨는 반가운 듯 꼬리를 살랑살랑 흔들어댔어요.

"매씨, 오늘은 수학 시간에 뭘 배웠는지 알아? 평면도형이었어. 너 평면도형이 뭔지 아니?"

오일러는 매씨와 나란히 걸어가며 이야기를 시작했지요. 하굣길에 매씨와 집으로 가면서 이렇게 수학 이야기를 하는 것도 오일러가 아주 좋아하는 일이거든요.

"멍멍멍!"

매씨는 모르겠다는 듯, 호기심 가득한 눈으로 짖었어요.

"모른다고? 좋아, 그럼 내가 평면도형에 대해 알려줄게."

오일러는 자를 들고 학교 선생님이 지휘봉을 움직이는 것처럼 살살 움직이며 이야기를 시작했어요.

"점, 선, 면, 입체를 통틀어서 도형이라고 해. 도형에는 평면도형과 입체도형이 있는데, 평면도형은 점, 직선, 곡선, 다각형, 원과 같이 길이나 폭만 있고, 부피나 두께가 없는 도형이야."

매씨가 고개를 갸웃하며 짖은 건 그때였어요.

"멍멍!"

오일러는 마치 매씨가 짖는 이유를 알기라도 하는 듯 고개를 끄덕이며 말을 이었지요.

"무슨 뜻이냐고? 좀 더 쉽게 얘기해 줄게. 여기 보도블록을 봐."

오일러는 들고 있던 자로 발아래의 보도블록을 가리켰어요. 집 앞까지 나 있는 보도블록은 네모와 세모 모양으로 이루어져 있었지요.

"요건 사각형이고 요건 삼각형이라고 불러. 이런 모양을 평면도형이라고 하지."

오일러는 주변 상가의 벽도 가리켰어요.

"저기 건물 벽을 봐. 삼각형 타일도 있고, 사각형도 있고, 원도 있지? 이런 도형들은 평평한 면에 그려져 있잖아. 그래서 평면도형이라고 하는 거야. 찾아보면 우리 주변은 평면도형 투성이야. 정말 재밌지?"

"멍멍!"

매씨가 다시 요란하게 짖어대자 오일러는 또 고개를 끄덕이며 말했어요.

"그럼 입체도형은 뭐냐고? 입체도형은 공간도형이라고 하는데, 공간을 차지하며 위치와 모양, 길이, 너비, 두께 등을 갖

Tips

도형과 기하학

기하학은 고대 이집트에서 시작된 것으로 나일강의 범람과 깊은 관련이 있답니다. 당시 나일강 주변 토지들은 주인들이 '여기까지가 내 땅이야'라는 표시를 해두었는데, 홍수로 나일강이 범람하면서 그 표시들이 모두 사라져 버렸어요. 나일강이 범람한 후에 자신의 땅을 다시 찾는 일은 아주 중요한 문제였죠.

이를 위해 토지 측량이 필요했고, 토지 측량을 위해 도형 연구가 활발해지면서 기하학이란 학문이 생겨나게 되었답니다. 기하학은 영어로 geometry라 하는데, geo-는 토지를, metry는 측량을 뜻해요.

는 도형을 말해. 저기 우리 집을 봐. 커다란 네모 상자 같지? 지붕은 사각뿔 같이 생겼고 말이야. 저런 걸 입체도형이라고 하는 거야. 물론 입체도형도 우리 주변에 아주 많지. 자, 그럼 지금부터 도형 찾기를 하며 집까지 가볼까?"

오일러는 주변을 두리번거리며 소리쳤지요.

"저기 달리는 자동차는 네모 상자 같아. 바퀴는 원이야. 저기 은행나무 잎도 꼭 삼각형처럼 생겼네. 우와! 세상은 정말 도형 투성이야!"

"멍멍! 멍멍!"

매씨도 도형 찾기 놀이를 즐기는 듯 주변을 두리번거리며 열심히 짖었어요.

집에 도착해서도 오일러의 도형 찾기 놀이는 계속되었어요. 엄마와 아빠는 아직 직장에서 돌아오지 않은 터라 집안은 썰렁했지만, 오일러는 심심하지 않았지요.

"식탁! 냉장고! 창문! 컴퓨터! 히야! 우리 집도 도형 투성이네."

도형 찾기 게임만 해도 하루가 다 갈 것만 같았어요.

하지만 오일러는 도형 찾기를 그만두었어요.

"근데 난 아직 도형에 대해 잘 알지 못해. 그게 뭐라는 것 정도밖에 모르잖아. 도형에 대해 더 알고 싶어. 아주 자세하게 말이야. 좋은 방법이 없을까?"

오일러는 도형에 대해 더 많이 알고 싶어졌어요. 하지만 지금 집엔 엄마도 아빠도 없으니 물어볼 사람이 없는 거지요.

그때였어요.

"멍멍! 멍멍! 멍멍!"

매씨가 요란하게 짖으며 어딘가로 달려갔어요. 바로 아빠의 서재였지요.

"매씨, 왜 그래? 서재에 맛있는 거라도 숨겨둔 거야?"

매씨를 따라 서재 안으로 들어간 오일러는 순간 두 눈이 반짝 빛났지요.

"아하! 책을 보면 되겠다. 수학에 관한 책이 어디 있을 거야."

오일러는 책장을 두리번거리기 시작했지요.

하지만 좀처럼 수학에 관한 책은 보이질 않았어요. 소설, 동화,

시집, 요리책 같은 건 많은데 말이에요.

"에이! 왜 수학 책은 없는 거야."

실망한 오일러가 투덜거리는 참이었어요.

"멍멍!"

매씨가 책장 한 곳을 향해 짖기 시작했어요. 잘 보지 않는 책만 모아두는 모서리 책장이었어요. 먼지가 뽀얗게 낀 자리였지요. 매씨는 앞발을 들더니 책장을 향해 바둥거렸어요. 책을 빼려는 것 같았지요.

"매씨! 그러지 마! 책이 찢어지면 어쩌려고!"

툭! 그 순간 책 한 권이 떨어지며 뿌연 먼지를 일으켰어요. 한 번도 본 적 없는 엄청나게 두꺼운 책이었지요.

"이건 무슨 책이지?"

책표지를 확인하기 위해 손으로 먼지를 털어내던 오일러는 순간 두 눈이 휘둥그레졌답니다. 『절대수학사전』이란 책 이름이 커다랗게 보였거든

요. 수학에 대한 모든 것이 들어 있는 사전인 것 같았어요.

"히야! 이런 책이 있었네?"

책을 펼치자 다양한 수학 개념들이 설명되어 있었어요. 그림과 설명이 잘 어우러져서 수학 개념이 알기 쉽게 설명된 책이었지요. 신이 난 오일러는 '차례' 페이지에서 도형 편을 찾았어요.

"577쪽이 도형편이야."

오일러는 당장 577쪽을 펼쳤어요.

그런데 이게 웬일이에요? 그림과 글씨가 있어야 할 페이지엔 하얀 종이만 보였거든요. 뒷장을 넘겨봐도 하얗고, 그 뒤를 계속 넘겨도 하얀 종이만 보였어요.

"뭐야! 아무것도 안 써 있잖아!"

이상한 일이 벌어진 건 그 순간이었어요.

저 혼자 쫘르르 넘어가는 절대수학사전! 뒤이어 책에서 까만 글자들이 쏟아져 나왔어요. 마치 판타지 영화처럼 말이에요. 책 속에서 튀어나온 글자들은 허공으로 흩어지며 사라졌지요.

하지만 이상한 일은 거기서 끝난 게 아니었어요.

"오일러, 큰일 났어. 동화 나라에 뭔가 큰 일이 생긴 것

같아."

　누군가의 다급한 소리에 뒤를 돌아본 오일러는 화들짝 놀라고 말았어요. 그 목소리의 주인공은 다름 아닌 애완견 매씨였으니까요.

　당황한 오일러를 향해 매씨는 인간처럼 술술 말했어요.

　"많이 놀랐지? 하지만 지금은 놀라고 있을 시간조차 없어. 우린 지금 당장 동화 나라로 가야하거든."

　오일러는 자신의 볼부터 꼬집어 봤어요.

"아얏!"

아픈 걸 보니 꿈은 아니었지요.

"나는 보통 개가 아니야. 동화 나라에서 온 수학탐지견이거든."

"뭐? 수학탐지견?"

어리둥절 하는 오일러를 향해 매씨는 차근차근 설명했어요.

"인간 세상의 수학과 동화 나라의 수학은 연결되어 있어. 그 때문에 어느 한 곳의 수학 정보에만 이상이 생겨도 두 나라에 모두 큰 혼란이 생겨. 그래서 난 인간 세상의 수학 원리를 늘 점검하면서 동화 나라에 보고를 하지. 동화 나라의 수학 지식과 책을 지키는 일도 하고 말이야. 절대수학사전은 바로 동화 나라에서 내가 가져온 수학 사전이야."

그제야 오일러는 뭔가 알 것 같았어요. 사실 매씨는 다른 개들과 좀 달랐거든요. 오일러가 수학 이야기를 할 때면 마치 알아듣기라도 하는 듯이 바라보던 매씨! 그 이유가 드디어 밝혀진 거죠.

매씨는 다시 다급하게 소리쳤어요.

"지금 도형편이 사라졌단 건 동화 나라 수학에 뭔가 문제가 생겼단 뜻이야. 당장 동화 나라로 가봐야 해."

평평한 벽에 시커먼 구멍이 뚫린 건 그때였어요.

펑!

요란한 소리가 나더니, 오일러는 매씨와 함께 시커먼 구멍 속으로 쑥 빨려 들어가 버렸지요.

"이게 무슨 소리지?"

오일러가 눈을 뜬 건 낯선 울음소리 때문이었어요.

"엉엉엉! 엉엉!"

울음소리에 눈을 뜬 오일러는 또다시 화들짝 놀라고 말았어요. 동화책에나 나올 것 같은 알록달록 이상한 곳에 나무로 된 남자 아이가 울고 있었거든요. 순간 오일러는 며칠 전에 읽은 동화책 그림이 떠올랐어요.

"저건 피노키오야!"

나무로 만든 아이! 피노키오가 확실했어요. 정말 동화 나라로 온

거예요. 그런데 피노키오의 코를 본 순간, 오일러는 그만 풋! 웃음이 터지고 말았어요. 피노키오의 코가 엄청 길어져서 마치 코끼리 코처럼 돼 버렸거든요.

"피노키오는 정말 거짓말쟁이인가 봐!"

오일러는 저도 모르게 소리쳤어요. 피노키오의 코는 거짓말을 할 때만 길어지잖아요. 그러니까 지금 피노키오는 엄청난 거짓말을 한 게 확실해요.

하지만 피노키오는 고개를 절레절레 저으며 고함쳤어요.

"아냐! 난 거짓말쟁이가 아니야! 거짓말을 안 했는데도 코가 길어졌단 말이야."

피노키오의 말에 매씨는 고개를 갸웃했지요.

"그게 무슨 소리야?"

"난 거짓말 한 적 없어. 그냥 춤만 췄단 말이야. 내 꿈이 댄서가 되는 거거든."

"춤만 췄는데 코가 길어졌다고? 그럼 언제부터 춤을 춘 거야?"

매씨의 말에 피노키오는 슬픈 표정으로 말했어요.

"며칠 전에 동화 나라에 안내문이 나붙었어. 이걸 보고 난 도형춤을 연습했거든. 근데 그날부터 코가 자꾸 길어지지 뭐야."

피노키오가 보여준 안내문은 이랬어요.

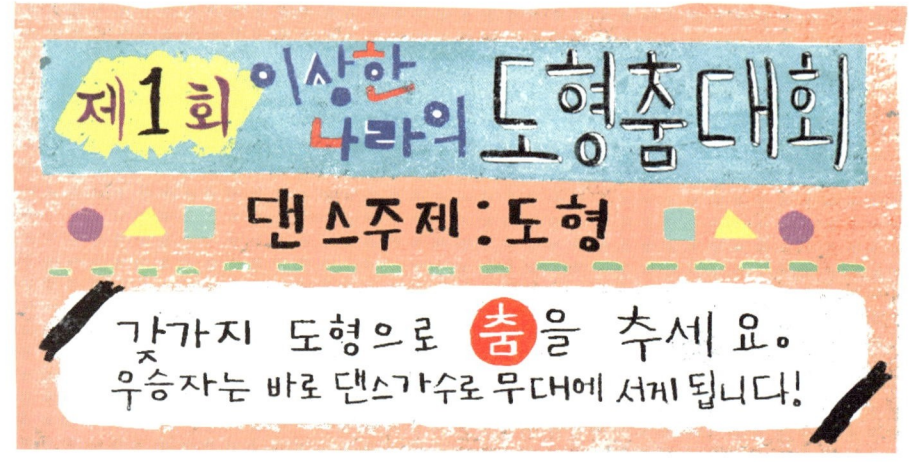

"이상한 나라는 『이상한 나라의 앨리스』에 나오는 그 나라겠지? 거기서 도형춤 대회가 열린다고?"

오일러는 호기심 가득한 눈으로 물었어요.

"맞아! 난 그 대회에서 꼭 일 등을 하고 싶어. 내가 원하는 꿈을 이룰 수 있는 절호의 기회잖아. 근데 어쩌면 좋아. 춤만 추면 코가 자꾸 길어져. 이러다간 대회에는 참가도 못할 것 같아. 엉엉엉!"

그제야 오일러와 매씨는 피노키오가 운 이유를 알게 되었지요. 피노키오 이야기를 들은 오일러와 매씨는 동시에 고개를 갸웃거렸어요. 열심히 춤 연습만 했는데, 코끼리 코가 되다니! 게다가 피노키오의 코는 너무 길어져서 이젠 땅에 닿을 정도지 뭐예요.

대체 피노키오의 코엔 무슨 일이 생긴 걸까요?

오일러와 매씨가 동화 나라로 와서 처음 만난 사람이 피노키오라면 절대수학사전의 도형 편이 사라진 것과 피노키오는 어떤 관련이 있는 게 확실해요. 그런데 피노키오의 코와 절대수학사전은 무슨 관계가 있는 걸까요?

유클리드 기하학

유클리드는 기하학의 대표적인 학자 중 한 명이에요. 유클리드가 쓴 『기하학 원본』은 기하학의 체계를 완성한 책으로 평가 받고 있어요. 유클리드 기하학은 유클리드 이전에 이미 알려져 있던 그리스 수학의 성과를 모아서 정리한 내용이지요.

유클리드에 관해선 알려진 것이 별로 없지만 재미있는 이야기가 하나 전해지고 있어요. 당시 그리스의 왕인 프톨레마이오스가 유클리드에게 기하학 강의를 듣다가 이렇게 물었어요.

"기하학은 너무 어려운데, 좀 더 쉽게 배우는 길은 없는가?"

그러자 유클리트는 대답했지요.

"기하학에는 왕도가 없습니다. 왕이라고 해서 기하학을 쉽게 배울 수 있는 방법은 없습니다."

정리

+ 점, 선, 면, 입체를 통틀어 도형이라고 해요.
+ 도형은 크게 평면도형과 입체도형으로 나눌 수 있지요.
+ 점, 직선, 곡선, 다각형, 원 등을 평면도형이라고 하는데, 평면도형은 평평한 면에 그린 도형이기 때문에 폭만 있고, 두께가 없답니다.

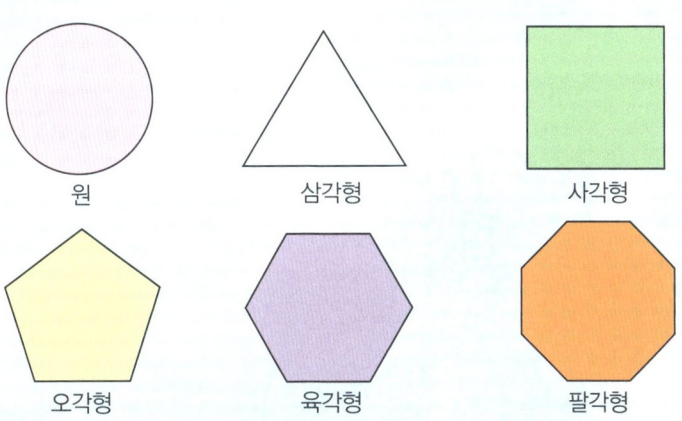

+ 입체도형은 공간을 차지하며, 위치와 모양, 길이, 너비, 두께 등을 갖는 도형이지요. 각기둥, 각뿔, 원기둥, 원뿔, 구 등이 여기에 속해요.

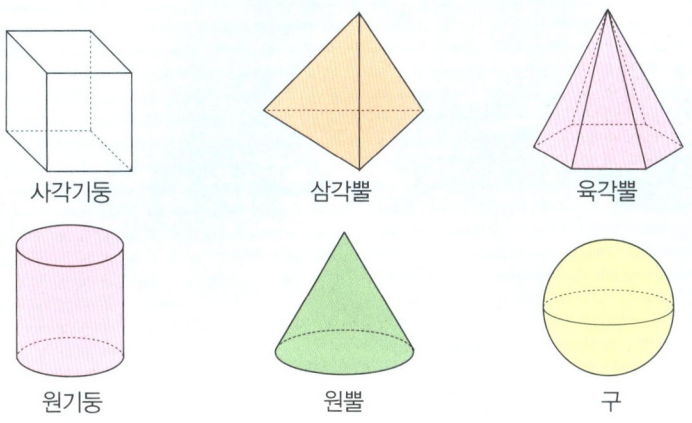

체육에서 수학 읽기

운동 경기장은 도형의 집합소

우리 주변에는 어디에나 도형이 있어요. 그리고 이런 도형은 운동 경기장에서도 쉽게 찾을 수 있어요.

야구 경기장을 한번 자세히 들여다보세요. 전체적으로 부채꼴의 평면도형 모양이지요. 그 안에 그려진 1루, 2루, 3루, 본루의 내야 루들이 이루는 모양은 사각형이랍니다. 게다가 내야 루 가운데에 그려진 투수판은 동그란 원이지요.

이런 평면도형은 축구장이나 농구장에서도 찾을 수 있어요. 축구장과 농구장의 모양은 모두 사각형이에요. 그리고 중앙에는 모두 원이 그려져 있지요. 이외 다른 운동 경기장에서도 도형은 어렵지 않게 찾을 수 있답니다.

또한 축구공 속에도 도형이 숨어 있어요. 축구공은 여러 조각의 가죽을 실로 꿰

축구 경기장

매어 만들어요. 이때 중요한 것은 어떤 모양의 조각을 꿰매야 둥근 공이 만들어지는가 하는 것인데, 가죽을 최대한 아끼면서 만들 수 있는 모양을 찾다보니 축구공은 정오각형과 정육각형의 결합이 되었지요.

이 정도면 '운동 경기장은 도형의 집합소'라고 말할 수 있겠지요?

농구 경기장

야구 경기장

삼각형

이야기 둘

피노키오의 뒤죽박죽 삼각형 춤

📖 각도와 삼각형
　　다각형

원

오일러와 매씨는 피노키오의 코를 살피기 시작했어요.

"절대수학사전에서 도형편이 사라지면서 동화 나라의 문이 열렸어. 그리고 피노키오는 이유 없이 코가 길어졌어. 피노키오의 코와 절대수학사전의 도형 편이 사라진 건 분명 관련이 있을 거야. 그 이유를 찾아야 해!"

매씨의 말에 오일러는 고개를 갸웃했지요.

"피노키오는 도형춤을 추면서부터 코가 길어졌댔어. 근데 도형춤이란 게 대체 뭐지?"

피노키오가 춤을 추기 시작한 건 그때였어요.

"도형춤이라면 자신 있어. 내가 보여줄게. 도형춤이란 도형 모양으로 춤을 추는 건데, 도형춤 대회 안내문이 붙던 날, 이상한 나라의 병사들이 도형춤 그림이 그려진 설명서를 나눠줬거든. 가장 먼저 삼각형춤부터 보여줄게."

피노키오는 자신만만한 표정으로 춤을 추기 시작했어요. 가만 보니 그 춤은 다리를 요리조리 움직여서 발 아래로 도형 모양을 그리는 춤이었어요.

그런데 피노키오의 도형춤을 보던 오일러와 매씨는 어리둥절한 표정이 되었어요. 삼각형춤을 춘다던 피노키오의 발은 네모난 사각형을 그리고 있었거든요.

피노키오의 코가 다시 또 길어진 건 그 순간이었어요.

"으앙! 코가 또 늘어나 버렸어. 왜 이런 거지? 난 거짓말을 한 적이 없는데!"

피노키오는 그만 주저앉아 울음을 터트리고 말았지요.

그 순간 오일러는 뭔가 짐작한 듯 말했어요.

"아무래도 도형춤 설명서에 문제가 있는 것 같아."

그러고는 냉큼 이상한 나라의 병정들이 나눠줬다는 도형춤 설명서를 집어 들었지요.

역시! 오일러의 생각이 맞았어요. 설명서에는 춤의 종류와 함께 각 도형들이 그려져 있었는데, 그 그림들이 엉터리였거든요.

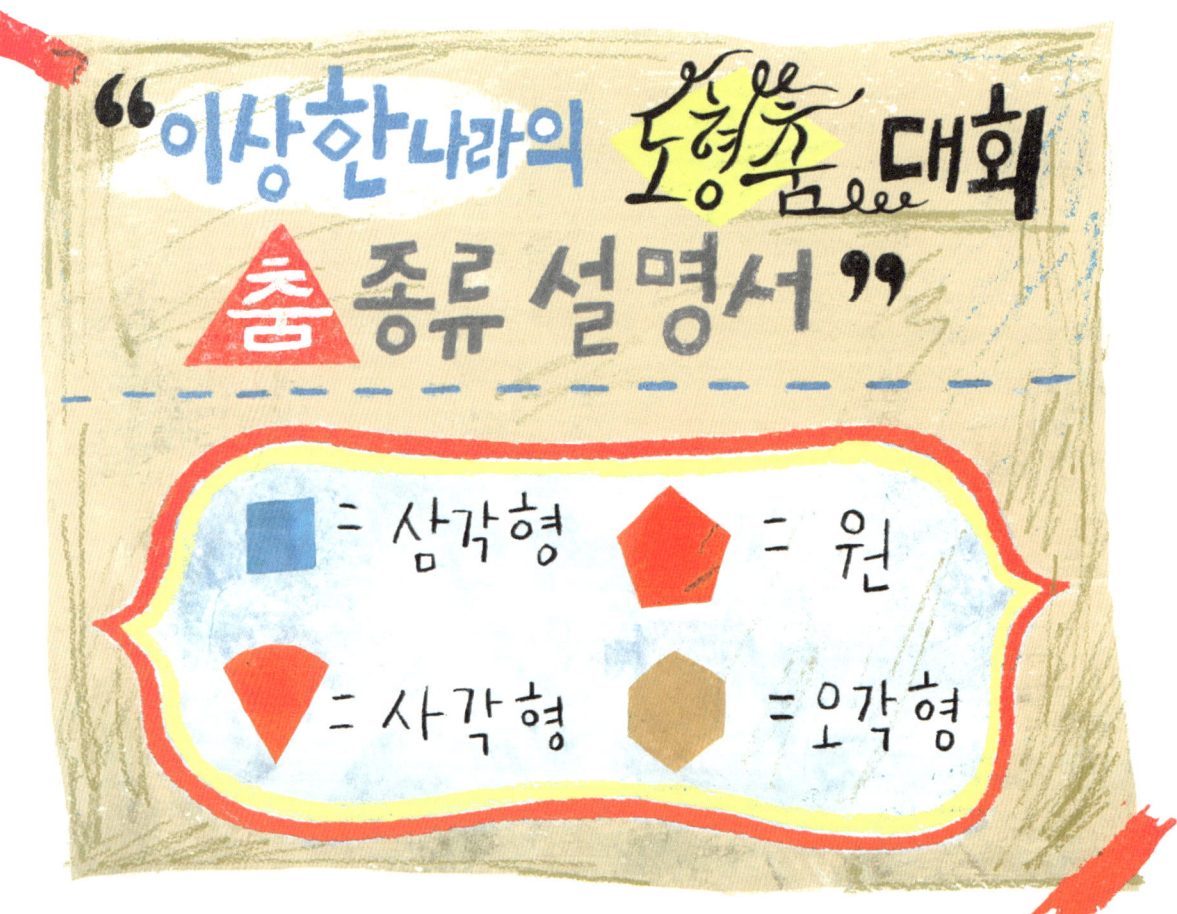

삼각형엔 사각형이 그려져 있고, 사각형엔 부채꼴이 그려져 있다니! 그야말로 뒤죽박죽 설명서지 뭐예요.

그제야 피노키오의 코가 길어진 이유도 알만 했어요.

"피노키오! 저 설명서대로 춤을 췄기 때문에 코가 길어진 거야. 설명서가 엉터리라 네 춤이 거짓 춤이 돼버렸거든. 그러니까 거짓말을 할 때처럼 코가 쑥쑥 길어진 거지."

피노키오는 고개를 갸웃할 수 밖에요.

"저건 이상한 나라의 여왕님이 직접 만든 설명서랬어. 그게 어떻게 거짓 설명서라는 거야? 여왕님이 거짓말을 할 리가 없잖아."

매씨도 고민스러운 표정을 지었지요.

"그게 이상하단 말이야. 이상한 나라 여왕님이라면 도형에 대해 모를 리가 없어. 수학에 아주 뛰어난 재능을 가진 여왕이라고 들었거든. 동화 나라 사람들도 그 때문에 저 설명서를 조금도 의심하지 않았을 거야. 그렇다면 여왕님이 일부러 거짓 설명서를 만들었다는 소리가 되는데, 대체 왜 그런 거지?"

그 순간 오일러는 뚱한 표정을 지었어요.

"난 그 여왕이 맘에 안 들어. 동화책에서 보니까 아주 심술맞게 생겼더라고. 뭔가 음모를 막 꾸밀 것 같은 그런 음흉한 얼굴이잖아. 혹시 여왕이 음모를 꾸민 게 아닐까?"

동화책에서 본 심통 사나운 여왕의 얼굴을 떠올린 듯 오일러는 으스스 몸을 떨었지요.

매씨도 뭔가 짐작이 된 듯 중얼거렸어요.

"그럴 수도 있어. 그 여왕님의 별명이 분노여왕이거든. 무섭고 분노에 찬 얼굴로 나라를 다스리기 때문이지. 정말 분노여왕이 뭔가 음모를 꾸민 걸지도 몰라. 그래서 동화 나라의 도형들이 저렇게 엉망이 돼버리니까 절대수학사전 속 도형 편이 사라진 거지. 그리고 피노키오는 잘못

가장 안정감을 주는 도형, 정삼각형

사람들에게 가장 안정감을 주는 구도는 정삼각형 구도라고 해요. 그래서 정삼각형은 가장 안전한 도형으로 꼽히고, 가장 안전한 입체도형으론 정삼각뿔이 꼽히지요.

그 때문에 정삼각형 구도는 실생활에서 자주 이용된답니다. 사진을 찍을 때도 안정감을 위해 삼각구도로 찍는가 하면, 꽃꽂이를 할 때도 삼각구도를 기본으로 잡지요.

삼각형은 힘이 센 도형이라고도 불려요. 사각형과 삼각형 중 어느 도형이 더 힘이 셀까요? 사각형과 삼각형 모양 상자를 눌러보면 사각형 모양 상자는 쉽게 찌그러지지만 삼각형 모양 상자는 잘 찌그러지지 않아요. 그래서 지붕이나 다리 그리고 기중기처럼 튼튼하게 만들어야 하는 물건 모양엔 삼각형을 많이 활용한답니다.

된 춤을 추니까 코가 길어진 거고 말이야."

그제야 오일러도 실마리를 찾은 듯한 표정을 지었어요.

"그럼 이제 어떡하지?"

"어떡하긴? 분노여왕의 음모를 알아내러 이상한 나라로 가야지!"

그때였어요.

"으아앙! 그럼 난 어떡해? 도형춤이 엉터리면 난 일 등을 할 수가 없잖아."

실망한 피노키오가 울음을 터트린 거예요.

오일러는 피노키오를 위로했지요.

"걱정 마! 내가 잘못된 설명서의 도형들을 바로 알려줄게."

"정말?"

"물론이지."

오일러는 고개를 힘껏 끄덕였어요. 그러더니 수학 가방에서 연필과 다양한 모양의 자를 꺼내서 도형을 제대로 그려 주었어요.

"삼각형은 세개의 선분으로 둘러싸인 도형이야. 그리고 네 개의 선분으로 둘러싸인 도형이 사각형이지."

오일러의 설명에 피노키오는 손뼉을 탁 치며 말했어요.

"아하! 그럼 오각형은 다섯개의 선분으로 둘러싸인 도형이겠네?

여섯개의 선분으로 둘러싸인 도형은 육각형이고 말이야."

"그렇지! 피노키오는 정말 똑똑해."

오일러의 칭찬에 피노키오의 얼굴에는 환한 웃음이 피었어요. 오일러와 매씨가 처음 보는 피노키오의 미소였지요.

하지만 피노키오는 금세 고개를 갸웃했어요.

"근데 선분이 뭐야?"

이번엔 매씨가 나섰지요. 매씨는 발밑의 모래 바닥에 오일러의 자로 두 점을 톡톡 찍으며 말했어요.

"곧게 뻗은 선에는 선분, 직선, 반직선이 있어. 자, 여기 점 ㄱ과 점 ㄴ을 그렸어."

ㄱ   ㄴ

"이 두 점을 이으면 선분이 되지. 두 점을 곧게 이은 선을 선분이라고 하거든."

선분

매씨는 계속 자로 줄을 이으며 말했어요.

"이렇게 양쪽으로 끝없이 늘인 곧은 선을 직선이라고 해. 그러니까 선분은 양쪽 끝이 있는 거고, 직선은 양쪽 끝이 없는 거지."

직선

"그럼 반직선은 뭘까? 그건 말이야……."

매씨가 막 반직선을 그리려는데, 피노키오가 자를 받아 쥐며 소리쳤어요.

"그건 내가 그려볼게. 뭔지 알 것 같아."

피노키오는 자로 쓱쓱 반직선을 그렸지요.

반직선

순간 오일러와 매씨는 박수를 힘차게 쳤어요.

"맞아! 그렇게 한 점에서 한쪽으로 끝없이 늘인 곧은 선을 반직선이라고 하는 거야."

"역시! 피노키오는 똑똑해!"

다시 또 칭찬을 받은 피노키오는 기분이 몹시 좋은 눈치였어요.

"도형은 정말 재밌는 거 같아. 나도 삼각형을 그려보고 싶어. 난 이번에 삼각형 춤을 출 거야. 삼각형 그리는 방법도 알려줘."

이번에도 매씨가 나섰지요.

"좋아! 근데 도형을 그릴 땐 꼭짓점과 변 그리고 각이란 걸 알면 훨씬 쉽게 그릴 수 있어."

"꼭짓점? 변? 각? 그게 뭐야?"

오일러가 수학 가방에서 삼각자를 꺼낸 건 그때였어요.

"요걸 보면 금세 알 수 있어."

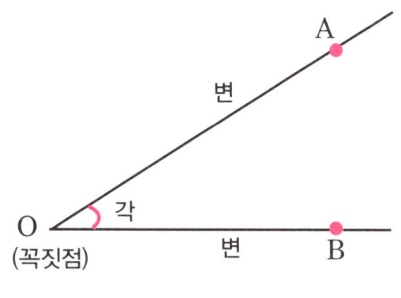

　오일러는 삼각자를 이용해서 바닥에 쓱쓱 그림을 그렸어요.

　"한 점에서 그은 두 반직선으로 이루어진 도형을 각이라고 해. 그리고 그림의 각에서 점O는 꼭짓점이라고 하지. 반직선 OA, 반직선 OB를 변이라고 하고 말이야. 또 이 각을 '각AOB' 또는 '각BOA'라고 하지."

　오일러는 그림 하나를 더 그리며 말했지요.

　"그리고 요렇게 두 직선이 만나서 이루는 각이 90°인 각을 직각이라고 해."

　설명을 듣는 피노키오의 두 눈이 반짝반짝 빛이 났어요.

　"아하! 그럼 삼각형을 그릴 땐, 꼭짓점을 세 개 찍고 나서, 세 변을 그리면 되겠네. 요렇게 말이야."

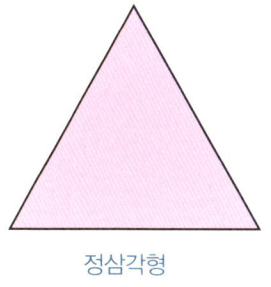
정삼각형

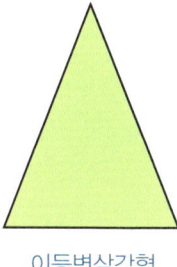
이등변삼각형

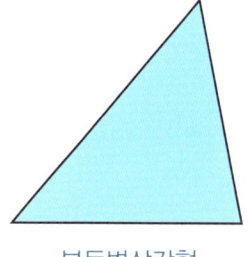
부등변삼각형

피노키오는 다른 모양의 삼각형을 세 개나 그렸어요. 피노키오가 그린 삼각형들을 보자 오일러는 재미난 생각이 떠올랐어요.

"피노키오가 그린 삼각형들은 모양이 다 달라. 지금부터 저 삼각형의 이름을 알아맞히는 놀이를 해볼까? 처음 삼각형은 세 변의 길이가 모두 같은 삼각형이니까 정삼각형이야."

매씨도 두 번째 그림을 보며 말했어요.

"두 번째 그림은 두 변의 길이가 같은 삼각형이니까 이등변 삼각형이야."

그러자 피노키노는 울상이 되었지요.

"어떡해? 세 번째 삼각형은 변의 길이가 같은 게 없어. 그럼 뭐라고 하지?"

화살촉을 이등변삼각형 모양으로 만든 이유

사냥을 하는 화살을 보면 화살촉이 이등변삼각형 모양을 하고 있어요. 화살촉을 그렇게 만든 데에는 과학적인 이유가 있는데, 이등변삼각형 모양으로 만든 도구는 두 변의 길이가 같아서 완벽한 균형을 이루는 게 한 가지 이유예요. 그리고 공기의 저항을 줄여서 똑바로 날아갈 수 있게 한다는 게 또 다른 중요한 이유지요. 그래서 옛날 사람들은 무기를 만들 때 주로 이등변삼각형 모양을 활용했다고 해요.

"같은 길이의 변이 없으니까 부등변삼각형이라고 하지."

오일러의 말에 피노키오는 활짝 웃었지요.

"아하! 그렇구나. 그럼 내가 지금부터 삼각형 춤을 춰볼게."

피노키오는 자신이 그렸던 모양대로 춤을 추기 시작했지요.

"요건 정삼각형 춤이야. 요건 이등변삼각형 춤이지. 그리고 마지막으로 부등변삼각형 춤은 이렇게 추면 돼."

신기한 일이 벌어진 건 그때였어요. 피노키오가 춤을 바르게 출

때마다 코가 조금씩 줄어들더니, 마지막 춤을 추자 코가 정상으로 돌아갔거든요.

"우와! 내 코가 다시 돌아왔어!"

피노키오는 토끼처럼 펄쩍펄쩍 뛰며 좋아했지요. 피노키오는 자신감에 넘쳤어요.

"삼각형 춤을 제대로 다 알았으니까 일 등은 문제없어."

하지만 매씨는 고개를 절레절레 저었어요.

"도형춤 대회에는 동화 나라에서 내로라하는 춤꾼들이 다 모일 거야. 그들과 경쟁하기엔 네 춤은 너무 평범해."

피노키오는 다시 울상이 될 수밖에요.

"그럼 어떡하지?"

"독특한 춤이 필요해."

그때였어요. 곰곰 생각에 잠겼던 오일러가 기막힌 아이디어를 내놓았어요.

"아하! 꼭짓점 댄스를 추는 건 어때? 나하고 오일러가 도와주면 삼각형 모양의 꼭짓점 댄스를 출 수 있을 거야."

"꼭짓점 댄스? 그게 뭐야?"

"세 명이 각각 꼭짓점이 되어 삼각형을 만들며 추는 춤이지."

"히야! 그거 재밌겠는데."

매씨와 오일러, 피노키오는 당장 삼각형 모양의 위치에 섰어요. 그리고 신나게 춤을 추었지요.

"꼭짓점 댄스 완성! 일 등은 이제 우리 차지야!"

피노키오는 신이 나서 소리쳤어요.

그러자 매씨는 황급히 앞장을 서며 말했지요.

"오늘 밤이 대회야. 어서 이상한 나라로 가야 해!"

오일러도 수학 가방을 둘러매며 따랐어요.

"좋아! 도형춤 대회 일 등도 하고, 분노여왕의 음모도 파헤치는 거야!"

물론 피노키오도 힘차게 소리쳤지요.

"이상한 나라로 출발!"

삼각형과 사각형의 정의
삼각형은 세 개의 선분으로 둘러싸인 도형이에요.
사각형은 네 개의 선분으로 둘러싸인 도형이지요.

삼각형의 종류
세 변의 길이가 모두 같은 삼각형은 정삼각형이라고 해요.
두 변의 길이가 같은 삼각형은 이등변삼각형이라고 하지요.
같은 길이의 변이 없는 삼각형은 부등변삼각형이에요.

선분, 직선, 반직선
곧게 뻗은 선에는 선분, 직선, 반직선이 있어요.
두 점을 곧게 이은 선을 선분이라고 해요.
양쪽으로 끝없이 늘인 곧은 선을 직선이라고 하지요.
반직선은 한 점에서 시작해 한쪽으로 끝없이 늘인 곧은 선을 말해요.

각, 꼭짓점, 변
한 점에서 그은 두 반직선으로 이루어진 도형을 각이라고 해요. 이 각을 '각AOB' 또는 '각BOA'라고 하지요.
그리고 그림의 각에서 점O는 꼭짓점이라고 해요.
반직선 OA, 반직선 OB는 변이라고 하지요.

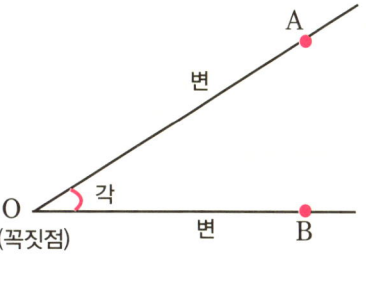

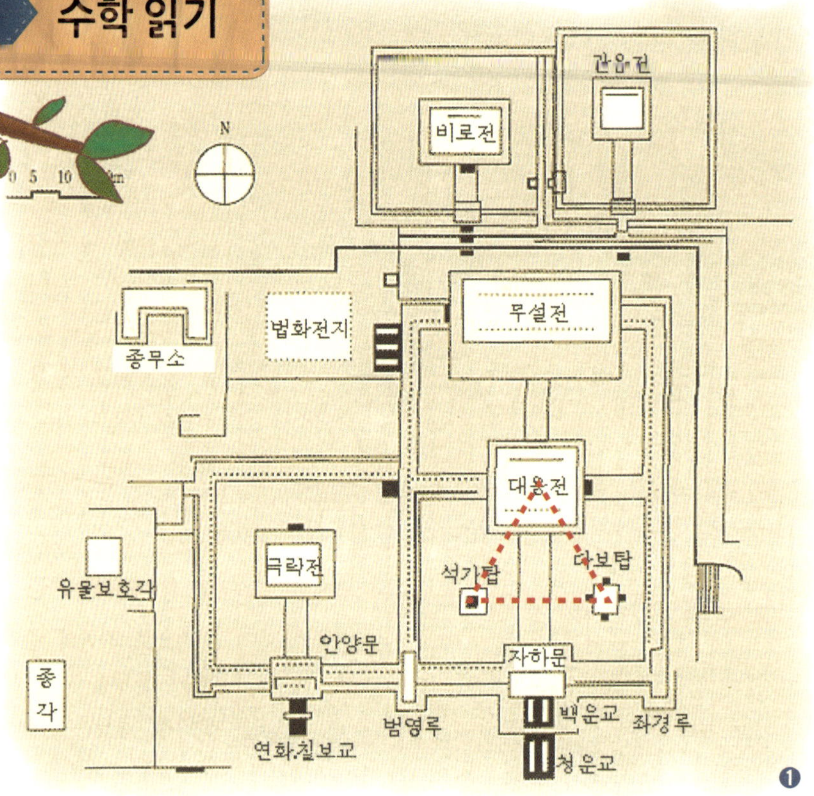

역사에서 수학 읽기

불국사 속에 숨어 있는 정삼각형

경주에 있는 불국사는 통일 신라 시대에 세워진 건축물이에요. 석굴암과 더불어 가장 유명한 불교 유적으로 유네스코 세계 문화유산으로 등재되었지요.
불국사에서 가장 중심이 되는 건물은 대웅전으로 이곳 마당에는 석가탑과 다보탑이 우뚝 서 있답니다.
불국사에는 많은 삼각형이 숨어 있는데, 가장 먼저 만나는 삼각형은 대웅전과 석가탑, 다보탑의 위치예요. 본존불이 자리 잡은 대웅전의 중심을 하나의 꼭짓점으로 잡고, 석가탑과 다보탑의 중심을 각각 꼭짓점으로 하여 삼각형을 그리면 정확하게 정삼각형이 그려지거든요. 그건 대웅전에서 석가탑까지의 거리와 대웅전에서 다보탑

까지의 거리가 같고, 또 두 탑의 거리도 그와 같다는 뜻이에요. 그리고 이 정삼각형의 각 꼭짓점에서 마주 보는 변의 중점을 향해 그어진 세 선은 한 점에서 만나게 된답니다. 바로 그곳에 '진리가 세상을 비춘다'는 뜻을 가진 석등이 놓여 있지요. 삼각형은 사람에게 가장 안정감을 주는 구도라고 하지요. 조상들은 그것을 알고 대웅전 마당에 삼각형 구도의 두 탑을 세워 안정감을 주는 공간을 만든 거예요.

다보탑과 석가탑 속에서도 삼각형을 만날 수 있어요. 다보탑의 아랫부분을 살펴보면 그곳에 정삼각형이 있거든요. 옥개석의 양 끝에서 수직으로 선을 그어 지대석과 만나는 곳에 각각 꼭짓점을 찍어요. 그리고 1층 몸돌 기둥의 위쪽 한가운데에 점을 찍은 뒤, 세 점을 이으면 세 변의 길이가 모두 4.4미터인 정삼각형이 나온답니다. 석가탑도 지대석의 양 끝에서 1층 몸돌의 위쪽 끝부분의 한 가운데를 이으면 정삼각형이 그려져요. 이러한 삼각형은 탑 위로 올라가며 여러 개가 나타나지요. 이렇게 정삼각형이 많이 숨어 있는 탓일까요? 석가탑과 다보탑은 완벽한 안정감을 보여주는 탑으로 세계적인 평가를 받고 있답니다.

❶ 불국사 도면
❷ 대웅전
❸ 다보탑
❹ 석가탑

이야기
셋

빨간 구두 카렌의
엉터리 원 춤

📖 원

오일러는 매씨 그리고 피노키오와 함께 이상한 나라를 향해 출발했어요. 그런데 이상한 나라는 대체 어디에 있는 걸까요?

"이상한 나라로 가는 방법은 문지기 토끼만 알고 있어. 문지기 토끼는 '이상한 나라로 가는 문'을 지키고 있거든. 그러니까 문지기 토끼부터 찾아야해."

피노키오의 말에 오일러는 걱정스런 표정을 지었지요.

"그럼 문지기 토끼는 어디 있는데?"

"그것도 알 수 없어. 다만 이 숲 속 어딘가에 있다는 것만 알려져 있지."

"하지만 토끼를 만나도 그 토끼가 문지기 토끼인지 어떻게 알 수 있어?"

"문지기 토끼는 문을 지키느라 매일 문만 쳐다봐서 두 눈이 둥글둥글 왕방울만 해졌대. 그래서 눈만 봐도 알 수 있댔어."

오일러는 순간 웃음이 터질 뻔 했어요. 문만 쳐다보다가 왕방울 눈을 갖게 된 토끼라니! 상상만 해도 괴상했으니까요.

하지만 지금은 그런 상상이나 하고 있을 틈이 없었어요.

"아휴! 이 넓은 숲 속에서 어떻게 문지기 토끼를 찾지?"

오일러는 절로 한숨이 나왔어요.

앞장 서 가던 매씨가 자신만만하게 말한 건 그때였어요.

"걱정 마! 문지기 토끼는 내가 찾아낼 거니까."

오일러와 피노키오는 어리둥절한 눈으로 매씨를 보았지요.

"어떻게?"

"내가 누구야? 강아지 매씨잖아. 너희들은 잘 모르겠지만, 사실 난 사냥개야. 그래서 코와 귀가 아주 발달했지. 두고 봐. 100미터,

아니 200미터 떨어진 곳에서도 난 문지기 토끼의 냄새를 맡고, 움직이는 소리를 들을 수 있으니까."

매씨의 당당한 모습에 오일러와 피노키오는 기대가 되었어요. 이제 곧 문지기 토끼를 만나 이상한 나라로 갈 수 있을 테니까요.

그런데 이게 웬일이에요?

매씨를 따라 숲 속을 반나절이나 헤맸지만, 문지기 토끼는커녕, 일반 토끼 한 마리도 만날 수가 없었어요.

"앗! 토끼 냄새가 난다!"

원주율과 π

원의 지름에 대한 원의 둘레 비율은 항상 같아요. 지름이 커질수록 둘레도 커지죠. 이 원의 둘레와 지름의 비율을 원주율이라고 해요. 원주는 '원의 둘레'라는 뜻이고, 율은 '비율'을 뜻하거든요.

원주율은 π라는 기호를 써서 나타내는데, 이 기호를 '파이'라고 읽어요. π는 '둘레'를 뜻하는 것으로 그리스어의 첫 글자를 따서 만들었답니다.

지금까지 계산된 원주율은 약 3.14에요. 원주율에 대한 계산의 흔적은 고대 바빌로니아 유물에서도 나오는데, 당시는 3.125까지만 계산해서 정확한 계산이라고 볼 수는 없었어요. 하지만 고대 그리스의 수학자인 아르키메데스가 3.142858까지 계산하면서 훨씬 정확해졌지요.

하지만 아직도 정확한 계산을 해낸 사람은 없답니다.

소리치는 매씨를 따라가 보면 거기엔 새끼 다람쥐가 있었지요.

"쉿! 저건 틀림없이 토끼가 뛰어가는 소리야."

손짓하는 매씨를 따라가 보면 거기엔 바람에 흔들리는 느티나무만 덜렁 서 있기 십상이지 뭐예요.

"대체 문지기 토끼는 어디에 있는 거야?"

지친 오일러는 매씨를 흘겨보며 투덜거렸지요.

"매씨! 너 정말 사냥개인 건 확실해?"

"이상하다? 분명히 토끼 냄새가 났는데……. 토끼 소리가 들렸는데……."

매씨가 빨개진 얼굴로 고개를 떨구는 참이었어요.

부스럭! 부스럭! 저만치 덤불 속에서 들려오는 인기척 소리!

"문지기 토낀가 봐!"

피노키오가 가장 먼저 덤불을 향해 달려갔어요. 오일러와 매씨도 함께 내달렸지요.

그런데 덤불 속에서 나온 건 토끼가 아니었어요. 긴 머리에 빨간 구두를 신은 소녀였지요. 소녀는 춤을 추면서 어딘가를 향해 가고

있었어요.

"난 빨간 구두 카렌이야. 난 이상한 나라로 가는 중이야. 혹시 너희도 그곳에 가는 거니?"

카렌은 춤을 멈추지 않은 채로 말했어요.

그제야 오일러는 소녀의 정체를 알았지요. 소녀는 동화 『빨간 구두』에 나오는 주인공 카렌이었어요.

"카렌! 너도 이상한 나라의 도형춤 대회에 참가하려고?"

오일러의 말에 카렌은 춤을 추면서 고개를 끄덕였어요.

"당연하지. 난 평생 이렇게 춤을 춰야 해. 그러니까 나보다 더 춤을 잘 추는 사람은 없을 거야. 도형춤 대회에서 우승할 사람은 당연히 나지."

카렌의 표정은 자신만만했어요.

카렌의 말에 피노키오는 몹시 긴장한 눈치였어요. 카렌이 춤을 추는 모습은 정말 아름다웠거든요. 도형춤 대회 우승을 놓칠 수도 있다는 위기감을 느낀 거예요. 피노키오는 마뜩치 않은 표정으로 카렌에게 물었어요.

"넌 무슨 춤을 출 건데?"

"지금 내 춤을 보면서도 모르겠니? 난 빙글빙글 도는 걸 아주 잘 해. 그래서 빙글빙글 춤을 출 거야. 나의 원 춤보다 더 멋진 춤은 세상에 없을 거야."

그런데 이상했어요. 말은 그렇게 하면서 카렌은 빙글빙글 돌기는커녕, 직선으로만 계속 가고 있었거든요.

순간 오일러는 고개를 절레절레 젓고 말았지요.

"그게 원 춤이라고? 아냐! 아냐! 그건 직선 춤이야!"

카렌의 도형 춤도 피노키오의 춤처럼 엉터리였던 거예요.

순간 카렌의 얼굴은 하얗게 변해 버렸지요.

"말도 안 돼! 이건 원이 확실해. 문지기 토끼가 그렇게 알려줬는걸. 똑바로 앞을 향해 나가는 것이 빙글빙글 도는 거고, 그게 원이라고 말이야."

피노키오가 귀를 쫑긋 세운 건 그때였지요.

"뭐? 문지기 토끼라고? 그럼 넌 문지기 토끼가 어디 있는 줄 알아?"

"물론이지. 난 이 숲속을 매일 헤집고 다니면서 춤을 췄어. 그래서 문지기 토끼를 아주 잘 알지. 조금 뒤에 커다란 나무 아래에서 만나기로 했는걸. 함께 이상한 나라로 가기로 했거든."

"히야! 그럼 우리도 같이 가. 이상한 나라 도형춤 대회에 우리도 참가할 거거든."

피노키오는 신이 나서 소리쳤어요.

"어서 가자! 카렌만 따라가면 이상한 나라로 갈 수 있어."

피노키오는 카렌 곁에 바싹 다가가며 설레발을 쳤어요.

하지만 매씨와 오일러는 심각한 표정이었어요.

"문지기 토끼까지 나서서 동화 나라의 도형을 엉망으로 만들고 있다니! 이러다간 정말 동화 나라의 수학이 엉망진창이 되겠어."

"일단 카렌의 춤부터 바로잡아 줘야 해."

오일러는 카렌을 막아섰어요.

"원은 동그란 모양의 도형이야. 바퀴처럼 둥그런 모양 말이야!"

카렌은 두 눈이 휘둥그레 졌지요.

"정말? 그런데 왜 문지기 토끼는 그렇게 말하지 않았을까?"

"그건 말이야……."

오일러는 지금까지의 사연을 모두 말해줬지요. 자신들이 동화 나라로 오게 된 사연과 피노키오의 코가 길어진 사연까지 말이에요.

카렌은 몹시 놀란 눈치였어요.

"그래도 다행이야. 이상한 나라로 가기 전에 너희들을 만나서 말이야. 잘못하면 엉터리 춤을 춰서 웃음거리가 될 뻔 했잖아."

카렌은 안도의 숨을 내쉬며 말했어요.

"그럼 땅에다가 원을 그려줘. 그 원을 따라서 춤 연습을 하면 정확히 원 춤을 출 수 있잖아."

카렌의 말에 오일러는 당장 수학 가방을 열었지요. 그리고 컴퍼스를 꺼내서 원을 그리기 시작했어요.

"컴퍼스를 이용하면 쉽게 원을 그릴 수 있어."

오일러는 컴퍼스로 중심점을 찍었어요. 그리고 컴퍼스로 같은 거리에 여러 개의 점을 찍기 시작했어요. 그 점과 점을 연결해서 둥그런 원을 그렸지요.

"원이란, 이렇게 한 점에서 같은 거리에 있는 점들을 이은 선을 말하는 거야."

"히야! 정말 점과 점이 이어져서 원이 되네. 신기하다!"

카렌은 오일러가 찍어 놓은 점들 위를 빨간 구두로 폴짝폴짝 뛰어다니며 춤을 추었어요. 점과 점을 돌아다니며 추는 카렌의 춤은 둥글둥글 원 춤이었어요.

이때 매씨가 오일러가 그려놓은 원 앞으로 나서며 말했어요.

"이왕 원을 그렸으니까, 원에 대해서 좀 더 알려줄게. 원에는 '원의 중심'이란 게 있고, '원의 반지름', 그리고 '원의 지름'이란 것이 있어. 요걸 알면 원을 그리기가 훨씬 쉽지."

매씨는 오일러의 원에 지름과 반지름, 그리고 원의 중심을 적어 놓았어요.

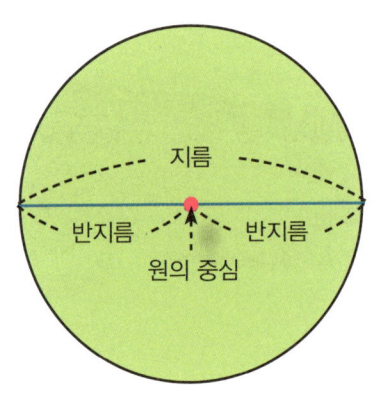

"원을 그릴 때 누름 못이 꽂혔던 점을 '원의 중심'이라고 해. 원의 중심과 원 위의 한 점을 이은 거리를 '원의 반지름'이라고 하지. 그리고 원의 중심을 지나는 선분을 '원의 지름'이라고 해."

매씨의 설명에 카렌은 고개를 힘껏 끄덕였어요.

"이제 원이 뭔지 확실히 알 것 같아."

신이 난 카렌은 쉬지도 않고 계속 오일러가 그려놓은 그림과 매씨가 원의 지름을 표시해둔 선을 따라가며 춤을 추었지요. 한참 그

아르키메데스의 원 사랑

고대 그리스의 수학자 아르키메데스는 원과 아주 인연이 깊은 학자예요. 게다가 죽음까지도 원과 관련이 있지요.

당시는 제2차 포에니 전쟁이 한창이던 때였어요. 70대 노인인 아르키메데스는 그날도 연구에 몰두하고 있었어요. 아르키메데스는 집 뜰의 모래 위에 원을 그리고 다양한 생각들을 펼치고 있었거든요. 그런데 하필 그 시간에 적의 군사가 나타났지 뭐예요. 적군 병사의 등장에 아르키메데스는 불같이 소리를 쳤어요.

"물러서라! 내 도형이 망가진다!"

연구에 몰두한 나머지 적군이란 사실도 모른 채 자신이 그린 원을 지켜야한다는 생각만 한 거예요.

그러자 화가 난 병사는 칼로 아르키메데스의 목을 내리치고 말았지요.

그 후 이 사연은 아르키메데스의 묘비에 새겨졌는데,

베를린 아르켄홀트 전망대에 있는 아르키메데스의 동상

1965년, 호텔을 만들기 위한 공사장에서 그 묘비가 발견되면서 세상에 알려지게 되었답니다.

렇게 춤을 추던 카렌은 재미난 표정으로 말했어요.

"그런데 나 신기한 거 발견했어. 이렇게 춤을 춰 보니까 아주 재미난 사실을 발견했거든."

"재미난 사실? 그게 뭔데?"

오일러의 말에 카렌이 빙글빙글 춤을 추며 말했어요.

"춤을 춰보니까 금세 알겠어. 한 원에서 반지름은 그 길이가 모두 같아."

"맞아!"

"한 원에서 지름도 모두 같아."

"그래. 그것도 맞았어."

"그리고 한 원에서 지름은 반지름의 2배야."

춤을 추다보니 카렌은 저절로 원의 특징을 알게 된 거지요.

"히야! 카렌도 똑똑한걸. 피노키오처럼 말이야."

매씨와 오일러는 카렌에게 박수까지 쳐주었지요.

카렌이 컴퍼스를 들고 나선 건 그때였어요.

"오일러! 내게 컴퍼스로 원을 그리는 방법을 알려줘. 그럼 원을 많이 그려서 제대로 원 춤을 연습할 수 있을 거야. 원 그리는 법을 정확히 알면 춤도 더 정확해질 테고 말이야."

"좋아! 이렇게 하면 아주 쉽게 그릴 수 있지."

오일러는 당장 컴퍼스로 원을 그리는 방법을 설명했어요.

① 점 1개(원의 중심)를 찍어요.

② 점 오른쪽 10센티미터 (원의 반지름) 되는 곳에 점을 찍어요.

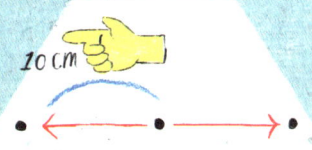

③ 점 왼쪽 10센티미터 되는 곳에 점을 찍어요.

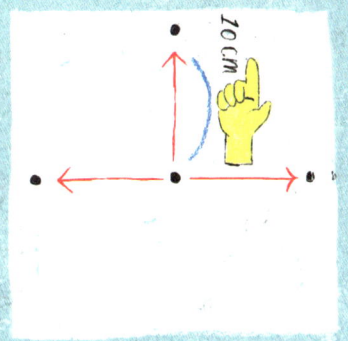

④ 점 위쪽 10센티미터 되는 곳에 점을 찍어요.

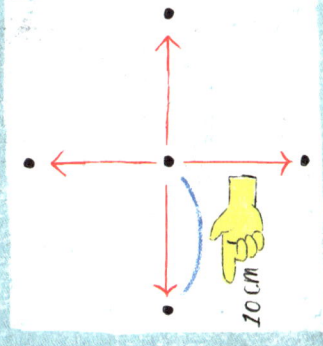

⑤ 점 아래쪽 10센티미터 되는 곳에 점을 찍어요.

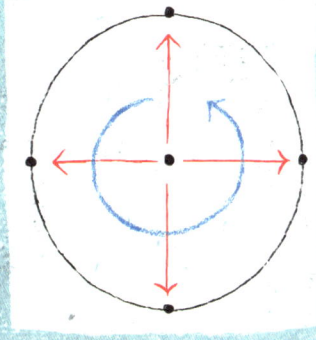

⑥ 이렇게 처음 찍은 점을 기준으로 10센티미터 되는 곳에 점을 콕콕 찍은 뒤, 그 점과 점들을 연결하면 원이 되지요.

카렌은 오일러가 알려준 대로 원을 그렸어요. 카렌이 그린 원은 열 개도 넘었지요. 그리고 그 원들을 따라가며 카렌은 빙글빙글 춤을 추기 시작했어요. 카렌의 춤은 정말 아름답고 우아했지요.

"나도 원 춤을 춰볼래."

어느새 피노키오도 카렌을 따라 춤을 추기 시작했지요.

"나도!"

"나도!"

오일러와 매씨도 덩달아 뒤를 이었지요.

얼마나 그렇게 춤을 춘 걸까요? 어느덧 주변이 어둑어둑 해지기 시작했어요.

"큰일 났어! 이러다가 도형춤 대회에 늦고 말겠어."

하늘을 올려다본 매씨가 고함을 쳤지요.

"어서 문지기 토끼를 만나러 가자. 나를 따라와!"

카렌이 황급히 빙글빙글 앞으로 나가기 시작했어요.

그 뒤를 피노키오와 매씨, 그리고 오일러가 급히 따랐지요.

"이상한 나라로 다시 출발!"

다시 문지기 토끼를 찾아 나선 오일러과 동화 나라 친구들! 이번에는 정말 문지기 토끼를 만날 수 있을까요?

정리

원
원이란, 한 점에서 같은 거리에 있는 점들을 이은 선을 말해요.

원의 반지름
원의 중심과 원 위의 한 점을 이은 선분을 반지름이라고 해요.
한 원에 반지름은 수없이 많은데, 원의 반지름의 길이는 항상 같지요.

원의 지름
지름은 원의 중심을 지나는 직선이 원과 만나는 두 점을 이은 선분이에요. 지름의 길이는 반지름 길이의 두 배로 항상 같아요. 지름은 원 위의 두 점을 이은 선분 중에서 가장 길지요.

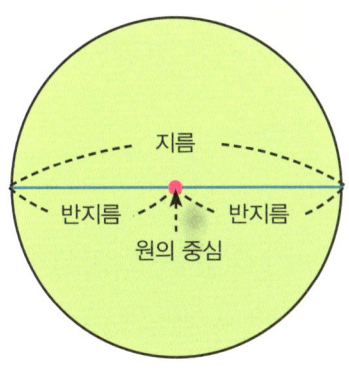

예술에서 수학 읽기

아이돌 가수들은 왜 홀수로 멤버를 구성할까?

아이돌 가수의 멤버수를 세어 보면 홀수인 경우가 많아요. 3명, 5명, 7명, 9명 등으로 대부분 홀수로 멤버를 구성하지요. 그 이유는 무엇 때문일까요?

거기엔 상당히 수학적인 계산이 숨어 있답니다. 가수들이 무대에 설 때 직선처럼 한 줄로 쭉 서면 카메라에 멤버들이 어떻게 잡힐까요? 아마도 많은 멤버들이 카메라에 한꺼번에 다 잡히지 않아서 늘 가운데 부분 가수만 찍힐 거예요. 하지만 멤버들이 V자 모양으로 서서 삼각형 구도를 이룬다면 어떨까요? 아마도 많은 수의 멤버라도 한 화면 안에 모두 나올 수 있겠지요. 이럴 경우, 가운데 축에 한 명의 멤버가 서고, 나머지 멤버가 같은 수로 양쪽으로 이어지면 자연스럽게 V 자의 삼각형 구도가 만들어진답니다. 그래서 멤버의 숫자는 홀수일수록 유리하지요.

또한 무대 위에서도 홀수 멤버일 때 만들 수 있는 구도가 더 다양해요.

멤버가 3명이라면 삼각형 구도의 무대가 만들어지지요. 5명이라면 가운데에 한 명을 세우고, 나머지 네 명이 사각형 구도를 만들어 설 수 있어요. 이러한 무대 구도는 정면이나 좌우 45도는 물론, 위에서 카메라로 찍을 때도 견고하고 안정적인 균형과 대칭을 이루지요.

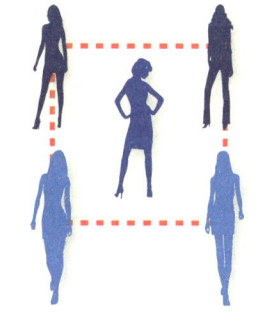

7명이라면 가운데 한 명이 서고 6명이 정육각형의 구도를 만들어서 춤을 추는데, 이 구도는 자연계에서 가장 단단한 벌집 구조라고 해요. 그래서 보는 이들도 단단한 안정감을 느끼지요.

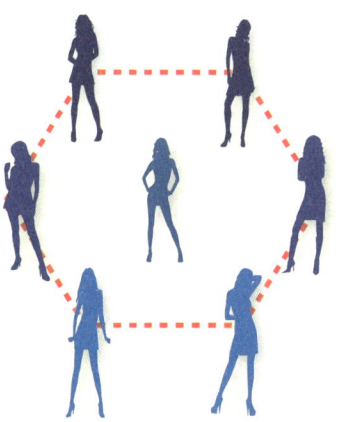

9명의 멤버로 이루어진 아이돌 그룹인 '소녀시대'는 정팔각형을 이루는 무대를 선보이기도 했어요. 가운데에 한 명의 멤버를 세우고, 나머지 8명의 멤버들이 8각형을 이루며 춤을 추었지요.

하지만 정육각형이나 정팔각형은 카메라 구도에서 한 가지 단점이 있다고 해요. 정면 카메라에서는 가장 안정적이고 견고한 구도로 보이지만, 문제는 갑작스럽게 카메라가 이동을 할 경우에요. 이럴 경우 카메라가 좌우로 움직이면 구조가 제대로 보이지 않거든요. 뒤의 멤버들이 제대로 보이지 않을 경우도 많아요.

반면 5명의 멤버로 이루는 사각형은 카메라의 이동에 훨씬 유리해요. 사각형을 이루는 네 명의 멤버가 카메라의 이동을 따라 회전하기 쉽거든요.

이야기 넷

분노 여왕의 음모

📖 각도와 삼각형

얼마나 숲속을 걸어갔을까요?

"대체 문지기 토끼가 어디 있다는 거야?"

아픈 다리를 만지며 오일러가 한숨을 내쉬자 카렌이 소리쳤어요.

"저기 문지기 토끼가 있어!"

카렌이 가리키는 곳엔 커다란 나무 한 그루가 보였어요. 그리고 정말 두 눈이 둥글둥글 왕방울만 한 토끼가 덩그러니 서 있었지요.

"킥킥킥! 정말 눈이 왕방울 같아."

오일러는 웃음을 참지 못하고 배꼽을 움켜잡으며 소리쳤지요.

매씨도 나오려는 웃음을 간신히 참는 눈치였어요.

"카렌! 원 춤은 완성한 거야?"

카렌을 알아본 문지기 토끼는 눈을 부리부리 굴리며 물었어요.

카렌이 발끈 화를 낸 건 그때였지요.

"원 춤을 완성했냐고? 넌 내게 그렇게 물을 자격이 없어."

문지기 토끼는 어리둥절한 표정을 지었지요.

"무슨 뜻이야? 왜 그래?"

"넌 내게 엉터리 도형을 가르쳐줬잖아. 여기 오일러와 매씨가 아니었으면 난 엉터리 원 춤으로 웃음거리가 됐을 거야. 도대체 왜 내게 그런 엉터리 정보를 준 거야?"

카렌은 문지기 토끼에게 아예 빙글빙글 원 춤을 보여주었어요.

"잘 봐! 이게 원 춤이라고!"

그러자 이번엔 문지기 토끼가 발끈하지 뭐예요.

"바보! 그건 직선 춤이야! 엉터리는 너라고! 우리 분노여왕님이 그랬어."

그제야 오일러와 매씨는 알 것 같았어요. 이미 이상한 나라의 모든 백성들은 엉터리 수학 정보를 익혀 버렸단 걸 말이에요.

문지기 토끼는 한참이나 투덜거리더니, 제 임무엔 충실해야 한다는 듯 말했어요.

"너희들은 정말 맘에 안 들어! 하지만 내 임무는 도형춤 대회에 가는 백성들을 이상한 나라로 보내주는 거니까 너희들에게도 문을 열어 주겠어."

문지기 토끼는 다양한 모양의 문 앞에 섰어요. 문은 모두 세 개였는데, 삼각형 모양으로 되어 있었지요.

그런데 문지기 토끼는 선뜻 문을 열지 못한 채 두리번거렸어요.

"이상한 나라의 도형춤 대회장으로 가는 문은……. 음, 그 문은……."

막상 문을 찾으려니 헷갈리는 눈치였지요. 한참이나 고개를 갸웃거리던 문지기 토끼는 문득 한 삼각형 문 앞에서 걸음을 멈췄어요.

"아하! 그 문은 예각삼각형 문이었어!"

가만 보니, 세 개의 문은 각의 크기에 따라 각각 다른 이름이 붙은 삼각형들이었지요.

문지기 토끼가 문을 열려는 순간, 놀란 오일러가 소리쳤어요.
"안 돼! 그건 예각삼각형이 아니야. 둔각삼각형이잖아."
그랬어요. 문지기 토끼가 열려는 문은 둔각삼각형이 틀림없지 뭐예요. 이미 문지기 토끼의 머릿속은 엉터리 도형 정보로 뒤죽박죽이 돼버린 거예요.

그러자 피노키오가 어리둥절해 하는 문지기 토끼를 막고 섰어요.

"문지기 토끼야, 조금만 기다려 봐. 오일러와 매씨가 바른 정보를 알려줄 거야. 그 얘기를 듣고 나서 문을 열어도 늦지 않아."

피노키오의 말에 문지기 토끼는 한숨을 훅 내쉬었지요. 그러더니 할 수 없단 표정으로 고개를 끄덕였어요.

"좋아! 어서 말해 봐."

먼저 나선 건 매씨였어요.

"오일러! 수학 가방에서 삼각자를 좀 꺼내줘."

매씨는 오일러가 수학 가방에서 꺼내준 세 개의 삼각자를 바닥에 쫙 펼쳤지요.

"삼각형을 분류하는 방법은 다양한데, 각의 크기에 따라서 세 가지로 나뉘어. 직각삼각형, 둔각삼각형, 예각삼각형으로 말이야."

오일러도 매씨를 돕고 나섰어요.

"각의 크기란 두 변이 벌어진 정도를 말하는데, 각의 크기를 '각도'라고 하지. 각도는 각도기로 재어 보면 간단하게 알 수 있어."

오일러는 수학 가방에서 각도기도 꺼냈어요.

"각도기를 재는 방법부터 알려줄게."

오일러가 알려주는 각도기 재는 방법은 이랬어요.

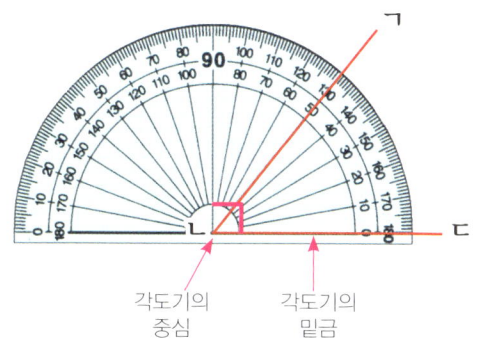

1. 각도기의 중심을 각의 꼭짓점에 맞추기.
2. 각도기의 밑금을 각의 한 변에 맞추기
3. 나머지 각의 변이 닿은 눈금을 읽기.

각도기의 중심   각도기의 밑금

"각도를 나타내는 단위는 1직각과 1°가 있어."

오일러는 첫 번째 삼각형 자의 각도를 각도기로 재며 말했어요.

"이 삼각형은 두 직선이 이루는 각이 90°야. 90°인 각도를 직각이라고 하지. 그래서 이 삼각형은 직각삼각형이라고 해. 한 각이 직각인 삼각형을 직각삼각형이라고 하거든."

그러자 이번엔 피노키오가 각도기를 들고 두 번째 삼각형의 각도를 재었어요. 세 각 중에서 가장 넓은 각을 재어본 거예요.

"히야! 여긴 160°야."

"그럼 그건 둔각삼각형이야. 각의 크기가 직

90° 직각

둔각

각인 90°보다 크고 180°보다 작은 각을 둔각이라고 하거든. 이처럼 한 각이 둔각인 삼각형을 둔각삼각형이라고 하지."

이번엔 카렌이 피노키오가 든 각도기를 낚아챘어요.

"세 번째 삼각자의 각도는 내가 잴 거야."

카렌은 배운대로 각도기를 이용해서 각도를 재었지요.

"이 삼각자의 한쪽 각은 60°야. 어라? 다른쪽 각은 70°네. 나머지 한 각도 50°밖에 안 돼. 세 각이 모두 90°가 안 돼."

"그건 모두 예각이야. 크기가 0°보다 크고 직각보다 작은 각을 예각이라고 하거든."

오일러의 말이 끝나기 무섭게 카렌은 소리쳤어요.

"이 삼각형의 이름은 내가 맞혀 볼께! 모든 각이 예각이니까 요건 예각삼각형이야. 그치?"

"딩동댕! 맞았어. 세 각이 모두 예각인 삼각형을 예각삼각형이라고 하거든."

오일러는 각도기를 다시 한번 들어 보이

예각

며 말했어요.

"이제 너희들도 각도기 보는 법은 알겠지? 직각을 똑같이 90으로 나눈 하나를 1도라 하고, '1°'라고 쓰지."

피노키오가 예각삼각형 문 앞으로 달려간 건 그때였어요.

"그럼 댄스 파티장으로 가는 예각삼각형 문은 바로 이 문이야. 문지기 토끼야! 어서 이 문을 열어줘."

하지만 문지기 토끼는 막무가내였어요.

"아냐! 예각삼각형 문은 바로 이 문이야. 분노여왕님이 그렇게 알려줬어. 그러니까 너희들이 틀린 거야."

문지기 토끼는 여전히 둔각삼각형 문 앞에서 소리쳤지요. 그러면서 힘껏 문을 열어젖혔어요.

"어떡해! 둔각삼각형 문이 열려 버렸어!"

놀란 매씨가 고함을 치는 순간, 오일러 일행의 몸은 문 안으로 쏙 빨려 들어가고 말았어요.

"으악! 어떡해?"

"으아악! 우린 엉뚱한 곳으로 가고 말 거야."

근데 이게 웬일이에요.

오일러 일행이 도착한 곳은 정말 이상한 나라의 도형춤 대회장이었어요. 도형춤 대회장 표시판을 본 오일러와 매씨는 어리둥절했지요.

"이게 어떻게 된 거지?"

"벌써 엉터리 도형 지식이 이상한 나라를 지배하기 시작한 거야. 정말 큰일인걸."

매씨의 표정이 무척 어두워졌지요.

매씨의 말대로 이상한 나라는 이미 잘못된 도형들 천지였어요. 사각형이라는 카드 병장들은 세모 모양이었어요. 동그란 얼굴을

삼각형과 사각형의 내각의 합은 각각 180도, 360도

삼각형과 사각형은 각각 세 개와 네 개의 선분으로 둘러싸인 도형이에요. 이렇게 선분으로 둘러싸이다 보니 자연스럽게 삼각형과 사각형 안에는 여러 개의 각이 만들어지지요.

삼각형 안에는 3개, 사각형 안에는 4개의 각이 생겨요. 이렇게 한 꼭짓점과 두 변으로 만들어진 다각형 안쪽에 있는 각을 내각이라고 하지요.

그럼 이 내각들을 모두 합하면 얼마가 될까요? 삼각형의 내각의 크기의 합은 180°에요. 반면 사각형의 내각의 크기의 합은 360°지요.

그렇다면 외각의 크기의 합은 어떻게 될까요? 삼각형과 사각형 모두 외각의 크기의 합은 360°에요

가져야 할 이상한 나라의 일반 백성들도 이미 네모 얼굴이 되어 있었지요.

그런데 이런 곳에서 엉터리 도형춤 대회까지 열리다니!

"큰일났어! 이러다간 도형춤 대회가 끝나자마자 동화 나라 전체의 도형이 엉터리가 돼 버릴 거야!"

매씨는 아예 울상이 되었어요.

하지만 피노키오와 카렌은 신이 났어요. 대회장은 이미 사람들로 가득했고, 모두들 음악에 맞춰 즐겁게 춤을 추고 있었거든요.

"걱정은 잊어! 일단 춤을 즐기자고!"

"맞아!"

피노키오와 카렌은 신나게 춤을 추기 시작했지요.

하지만 대회장은 금방 엉망진창이 되고 말았어요. 춤추는 사람들이 모두 엉터리 도형춤을 추다보니 문제가 생겨난 거죠.

"이게 사각형 춤이라니까!"

"아냐! 이게 맞아!"

신데렐라와 왕자님도 티격태격 싸움을 했어요. 두 사람은 손을 마주 잡고 우아한 춤을 추기로 했는데, 왕자는 사각형 모양으로 춤을 추고 신데렐라는 삼각형 모양으로 몸을 돌렸던 거예요. 그러다보니 계속 서로의 발을 밟고 말았지요.

"아얏! 왕자님이 잘못 추니까 계속 발이 밟히잖아요."

"무슨 소리요? 신데렐라가 잘못 춰서 발을 밟히는 거지."

"뭐라고? 왕자님한테 정말 실망했어요. 다신 함께 춤을 추지 않을 거예요."

신데렐라는 울면서 도형춤 대회장을 뛰쳐나가 버렸어요.

싸우는 건 신데렐라와 왕자님만이 아니었어요.

'피리 부는 사나이'를 따라온 아이들도 피리 소리에 맞춰 엉터리 도형 춤을 추다보니 연신 싸움이 벌어졌거든요.

"오각형 춤은 이렇게 추는 거야."

"아니야! 그건 사각형 춤이야."

"바보! 그건 원 춤이지."

도형춤 대회장은 그야말로 티격태격 싸움장으로 변하고 있었어요.

매씨와 오일러는 도형춤 대회장을 나와 버렸어요.

"정신이 하나도 없어. 일단 조용한 곳으로 가서 생각을 좀 해 보자."

"그래. 저쪽으로 가서 어떻게 해야 할지 생각해 보자."

매씨와 오일러가 조용한 건물로 들어서는 참이었어요.

"깔깔깔깔!"

어디선가 기분 나쁜 웃음소리가 들려왔어요. 웃음소리는 그 건물 안에 있는 작은 방에서 들려오고 있었어요.

"깔깔깔! 모든 게 내가 원하는 대로 되고 있어. 난 이상한 나라로 만족할 수 없어. 동화 나라 전체를 이상한 나라로 만들어 버릴 거야. 그 시작이 바로 도형춤 대회지."

소리를 따라 가던 매씨와 오일러는 화들짝 놀라고 말았지요. 그 목소리의 주인공은 바로 분노여왕이었거든요. 매씨와 오일러가 들어온 건물은 분노여왕의 성이었던 거예요.

여왕은 신이 나서 소리쳤어요.

"이번 대회를 통해 동화 나라 백성들이 모두 엉터리 도형을 알도록 만드는 거야. 그럼 백성들은 동화 나라의 건물이나 물건을 모두 이상하게 만들겠지? 집도 이상하게 되고, 길도 이상하고, 모든 게 뒤죽박죽인 이상한 나라! 그렇게 하나하나 수학 정보를 바꿔서 동

화 나라 전체를 이상한 나라로 만들면 동화 나라 전체가 내가 다스리는 이상한 나라가 돼 버리지. 깔깔깔!"

매씨와 오일러는 가슴이 철렁했어요.

그 동안 일어났던 이상한 일들은 바로 분노여왕의 계략이었던 거예요. 그리고 곧 그 계략이 성공할 테니까요.

매씨는 주먹을 불끈 쥐었어요.

"큰일이야! 어떡하든 여왕을 막아야해!"

왜 예각이라고 부를까?

예각, 둔각 등의 수학 용어는 모두 한자에서 온 말이에요. 그런데 왜 하필 '예각', '둔각'이라는 이름이 붙었을까요?
예(銳)자와 둔(鈍)자를 잘 보세요. 두 글자의 부수는 모두 쇠금(金)이랍니다. 이것은 두 글자가 쇠를 두드려서 무엇인가를 만들면서 생긴 글자이기 때문이에요. 즉 '예'는 '날카롭다'는 의미이고, '둔'은 '무디다'는 의미지요. 그리고 '각'은 '모서리'라는 의미에요.
그러므로 예각은 '날카로운 모서리'라는 의미로, 안쪽 각의 크기가 작다는 뜻이 되지요. 반면 둔각은 '무딘 모서리'라는 의미로, 안쪽 각의 크기가 크다는 말과 같답니다.

정리

각도기 재는 법
1. 각도기의 중심을 각의 꼭짓점에 맞추기.
2. 각도기의 밑금을 각의 한 변에 맞추기
3. 나머지 각의 변이 닿은 눈금을 읽기

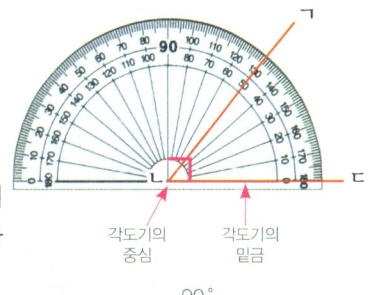

각도를 나타내는 단위는 1직각과 1도가 있어요. 직각을 똑같이 90으로 나눈 하나를 1도라 하고, '1°'라고 쓰지요.

여러 각도
직각 : 90°인 각
둔각 : 90°보다 크고 180°보다 작은 각
예각 : 0°보다 크고 직각보다 작은 각
평각 : 180°인 각

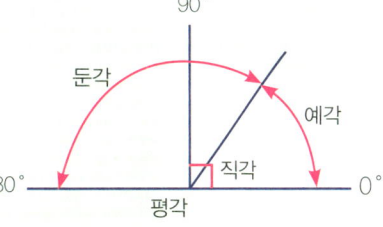

각의 크기에 따른 삼각형 분류
직각삼각형 : 한 각이 직각인 삼각형을 직각삼각형이라고 해요.
둔각삼각형 : 한 각이 둔각인 삼각형을 둔각삼각형이라고 해요.
예각삼각형 : 세 각이 모두 예각인 삼각형을 예각삼각형이라고 해요.

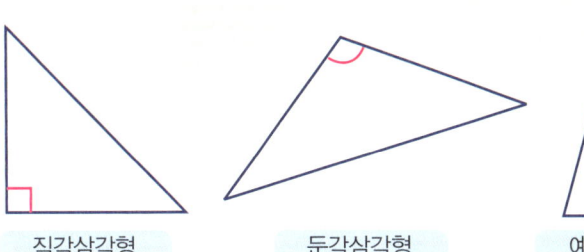

예술에서 수학 읽기

김홍도 작품(기와 이기)과 직각

김홍도는 조선 시대를 대표하는 작가예요. 그런데 그의 그림 중 「기와 이기」라는 작품 속에는 재미난 기구들이 등장해요.
이 그림은 기와집을 짓는 일꾼들의 모습을 그린 것인데, 그림의 가운데에 눈을 감은 채로 나무 기둥 옆에 서 있는 사람을 자세히 보세요. 뭔가를 매단 실을 들고 있는 사람 말이에요. 이 사람은 지금 무엇을 하고 있는 걸까요? 이 사람은 실에 추를 매달아 기둥과 땅이 직각을 이루는지를 확인하는 중이에요.
집을 짓는 목수들은 땅바닥과 직각을 이루는 선을 그려서, 거기에 기둥을 세운 다음, 다시 점검을 했어요. 추를 매단 실이 기둥의 선과 정확하게 맞아떨어지면 기둥을 단단히 붙여 세운 거예요. 그래야 정확한 직각이 이루어지기 때문이지요. 그 옆에서 대패로 나무를 깎는 사

람도 자세히 보세요. 그 사람의 발밑을 보면 눈에 익은 물건이 하나 보일 거예요. 바로 ㄱ자 모양의 자랍니다. 이 자를 '곱자'라고 불렀는데, 곱자는 직각이 맞는지 확인하는 데 쓰였지요.
그럼 실에 매단 추와 ㄱ자 모양의 자는 모두 직각을 재는 데 사용되던 기구라는 뜻인데, 집을 짓는 데 왜 이렇게 직각 재는 일을 중요하게 여긴 걸까요? 건축물을 지을 때 가장 기본이 되는 일은 수평과 수직을 맞추는 일이랍니다. 만약 수평과 수직이 잘 맞지

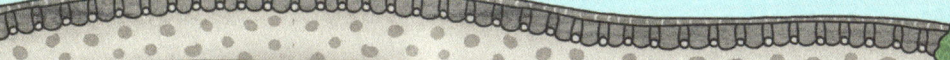

않으면 건물이 기울어지게 되죠. 그뿐 아니라 건물이 무너져버릴 수도 있지요. 그 때문에 우리 조상들은 바닥의 기초를 다지고, 기둥을 세울 때 생기는 각이 땅과 직각을 이루는지 확인하는 일을 아주 중요하게 여겼답니다. 그리고 김홍도의 그림 「기와 이기」 속에 등장하는 추와 자는 이 같은 사실을 잘 증명해 주는 도구인 거지요.

춤추는 동화 나라

📖 평면도형

"빵빠라방 빵빵!"

병정들이 우렁차게 팡파르를 울렸어요. 도형춤 대회의 시작을 알리는 신호였어요.

"우와! 대회가 시작됐다!"

대회 시작만을 기다리던 참가자들은 환호성을 질렀어요.

하지만 오일러와 매씨는 얼굴 가득 근심이 어렸지요.

'대체 어떡해야 할까?'

'어떡하면 분노 여왕의 계략을 막지?'

생각만 가득할 뿐 방법을 찾지 못했으니까요. 오일러와 매씨는

건물 기둥에 몸을 숨긴 채 여왕을 감시할 뿐이었어요.

그런데 그 사이 대회가 시작돼 버린 거예요. 대회 시작을 알리는 팡파르가 울리자마자, 이상한 나라의 일꾼들이 몰려왔어요. 일꾼들은 오랫동안 오늘 대회를 위한 이동 무대를 만들었는데, 그걸 대회장으로 가져온 거지요. 이동 무대는 다양한 도형을 맞춰서 만든 멋진 무대였어요.

분노 여왕은 무대를 보며 의미심장하게 웃었어요. 그리고 혼잣말로 중얼거렸지요.

"이 무대에 선 순간, 사람들은 모두 엉터리 도형 정보를 갖게 돼. 무대에 오르는 순간 엉터리 정보가 사람들의 뇌에 인식되도록 주문이 걸려 있지. 그럼 모든 게 내가 원하는 대로 되는 거야. 낄낄낄!"

여왕을 감시하던 매씨와 오일러는 화들짝 놀랐어요.

"무대에 아무도 올라가지 못하도록 막아야 해!"

"맞아! 주문이 걸린 무대야!"

하지만 곧 매씨와 오일러는 모든 것이 늦어 버렸단 걸 깨달았어요.

"1번 참가자 나와 주세요."

여러 도형이 덕지덕지 붙은 도형 병정이 소리친 순간, 카렌이 기다렸다는 듯이 무대로 올랐거든요.

"안 돼! 카렌! 당장 멈춰!"

"안 돼! 아무도 무대에 올라서면 안 돼! 그럼 큰일이 벌어질 거야!"

오일러와 매씨가 달려들며 소리쳤지만 소용없었어요. 오일러와 매씨를 본 병정들이 달려왔거든요.

"저 놈들을 잡아라!"

여왕의 고함 소리에 병정들은 매씨와 오일러를 에워쌌지요.

여왕은 불같이 분노한 표정으로 고래고래 고함을 쳤어요.

"당장 저 놈들의 목을 베라!"

바로 그 순간 뜻밖의 일이 벌어졌어요.

우르르! 우당탕! 쿵쾅!

요란한 소리를 내며 무대가 내려앉기 시작했어요!

세상에! 도형춤 대회를 위해 만든 도형 무대가 무너져 내린 거예요. 무대로 오르려던 카렌은 아래로 굴러 떨어지고 말았지요.

"으악! 무대가 부서졌다!"

사람들은 놀라서 소리쳤지요.

하지만 무너져 내린 것은 무대만이 아니었어요.

와르르! 쿵쿵! 와르르! 풀썩!

주변 건물들도 하나씩 무너지기 시작했거든요.

"이게 어떻게 된 거냐?"

놀란 여왕은 고함을 쳤고, 사람들은 공포에 질렸어요. 건물이 무너져 내리는 속도는 너무도 빨라서 아무도 손을 쓸 수가 없었지요.

그 순간 여왕을 향해 누군가 고함을 쳤어요.

"여왕님의 꾀에 여왕님 스스로가 넘어간 거예요. 엉터리 도형 정보 때문에 일꾼들이 무대를 엉터리로 만들었으니까요. 엉터리 무대가 무너진 건 당연해요. 건물들도 잘못된 도형 때문에 무너지는 거예요. 이제 곧 이상한 나라의 모든 건물은 무너져 버리고 말 거예요. 물론 여왕님의 성도 무너져 버리겠죠."

매씨였어요. 매씨는 여왕을 향해 꾸짖듯 소리치고 있었지요.

매씨의 말은 사실이었어요. 이동 무대는 다양한 도형 모양을 짜 맞춰 만든 것인데, 사각형 판이 와야 할 곳엔 삼각형이 놓이고, 삼각형이 와야 할

곳엔 원이 놓이는 등 엉망진창이었거든요. 그러다 보니 금세 무너져 버린 거지요.

"뭐? 내 성이 무너질 거라고? 안 돼! 그것만은 절대 안 돼!"

여왕은 울상이 되었어요.

이내 여왕의 성도 무너지기 시작했어요. 그걸 보고 여왕은 엉엉 울었어요.

"어떡하면 좋아! 제발 도와줘!"

마음이 다급해진 여왕은 매씨와 오일러 앞으로 달려왔지요.

"제발! 도와줘! 부탁이야! 내 성만 지켜주면 뭐든 다 할게."

매씨가 오일러의 손을 덥석 잡은 건 그때였어요.

"오일러! 우리가 한번 힘을 합쳐 볼까?"

"좋아! 우선 무대부터 제대로 만들어 보자고."

매씨와 오일러는 앞으로 척 나섰어요. 그리고 사람들을 향해 소리쳤지요.

"여러분, 대회를 벌일 무대를 우리 손으로 다시 만듭시다. 부서진 도형들을 제대로 맞추면 튼튼한 무대가 완성될 거예요. 일단 평면도형들을 이동해서 맞추는 연습부터 해요."

"평면도형을 이동한다고? 그게 무슨 뜻이야?"

칠교와 다양한 칠교 무늬

칠교란 정사각형의 평면을 일곱 조각 내어 여러 가지 형상을 꾸미며 노는 놀이에요. 일곱 개의 조각을 이렇게 저렇게 놓으면서 정해진 형태를 만들면 되지요. 그러다 보니 칠교는 놀이를 하는 과정에서 사고력이 길러지고 도형 감각을 익히게 된답니다.

또한 직접 새로운 모양을 만들어 봄으로써 상상력과 창의력도 기를 수 있어요.

그래서 예부터 '지혜판(智慧板)'으로 불리고, 손님을 머무르게 하는 판이라고 하여 유객판(留客板)이라고도 했지요. 서양에서는 탱그램(Tangram)이라고 해요.

이 놀이는 남녀노소 누구나 할 수 있고, 때와 장소에 구애되지 않고 언제 어디서나 놀 수 있다는 것이 큰 장점이에요. 혼자서도 놀 수 있기 때문에 남는 시간을 활용하기에도 아주 좋지요.

칠교가 언제부터 시작된 놀이인지는 확실치 않지만, 중국에서 처음 시작되었어요. 약 5000년 전에 중국 광동 지방의 '탄'이라는 사람(신이라고도 함)에 의해 만들어졌다고 하지요. 기록에 칠교라는 단어가 처음 나오는 것은 주(周)나라 때인 것으로 보아, 그 이전부터 있었던 놀이로 예측된답니다.

중국에서 시작된 이 놀이는 오래전부터 우리나라에 전해졌고, 19세기 초에는 유럽과 미국으로도 전해져 널리 알려졌어요.

피노키오가 고개를 갸웃하자, 오일러가 웃으며 말했지요.

"여러분 모두 퍼즐 맞추기를 해봤지요? 퍼즐 조각을 이리저리 돌리고 이동해서 맞추면 단단한 퍼즐판이 완성되잖아요. 그것처럼 이동 무대도 평면도형을 이리저리 이동해서 맞추면 돼요."

"아하! 그럼 평면도형을 위, 아래로 옮기고, 왼쪽과 오른쪽으로 뒤집어서 맞추면 되겠네."

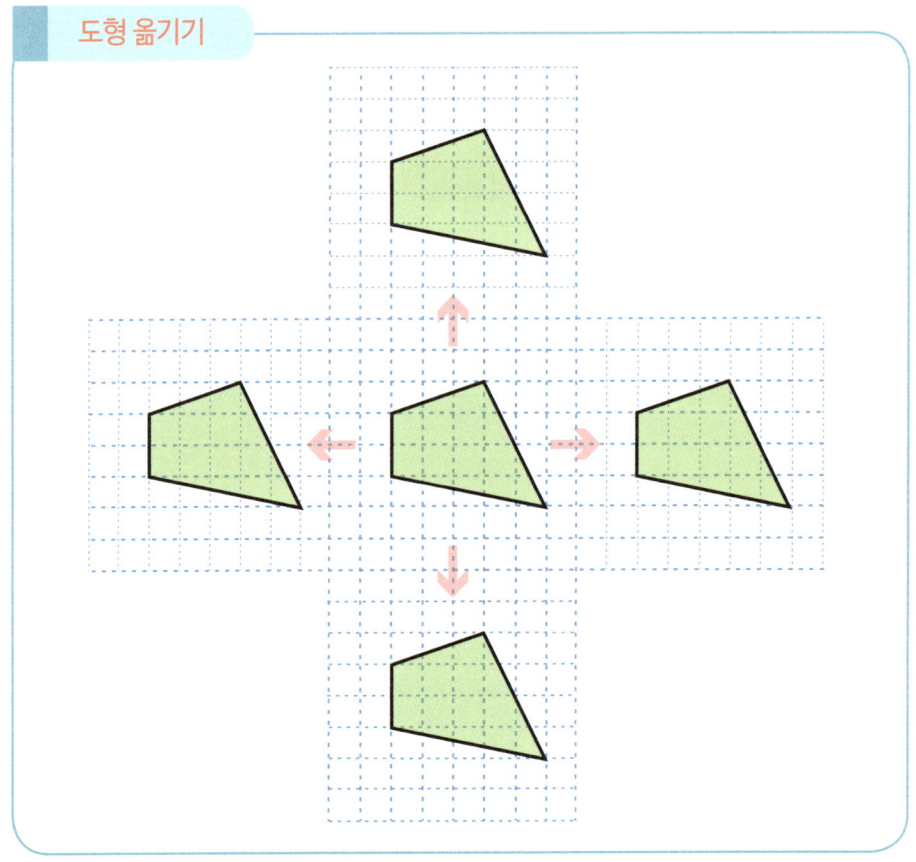

도형 옮기기

"맞아요. 자, 그럼 이 도형을 위와 아래, 그리고 왼쪽, 오른쪽으로 이동시켜 볼게요. 어떻게 되는지 알아맞혀 보세요."

오일러가 도형을 이리저리 옮기자, 사람들은 입을 모아 소리쳤어요.

"도형을 옮기기만 하면 모양과 크기가 변하지 않아."

"맞아요. 그럼 이번엔 도형 뒤집기를 해볼게요."

도형 뒤집기

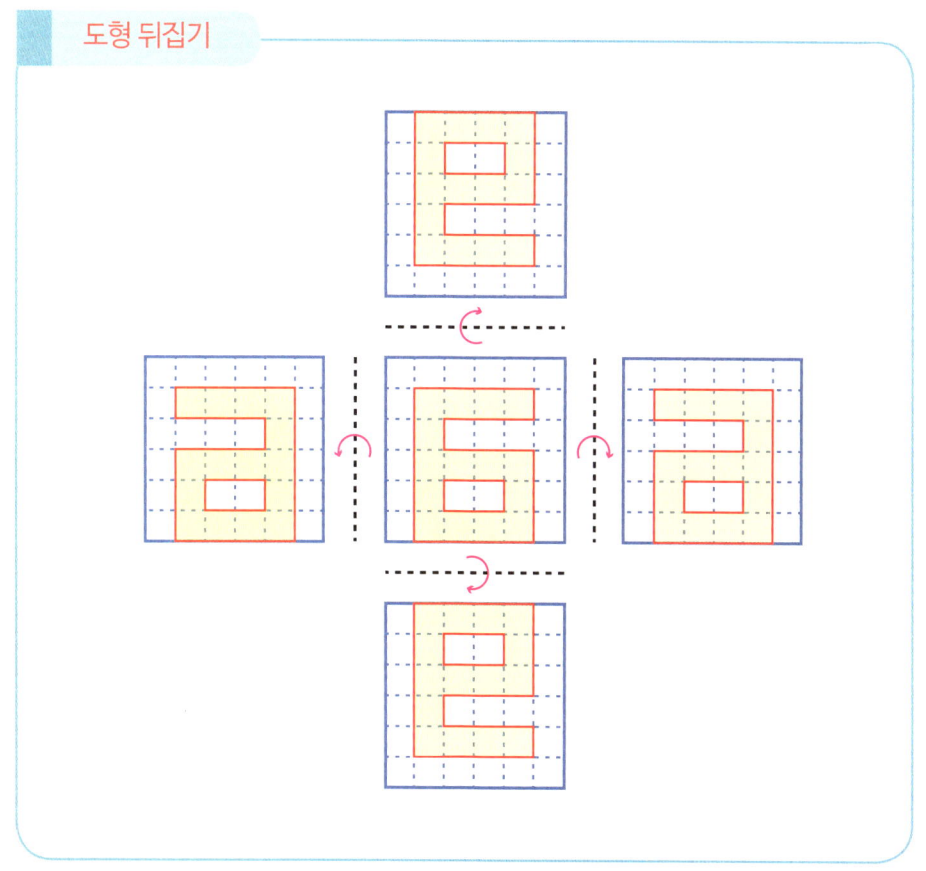

109

오일러가 도형을 뒤집자, 사람들은 또 다시 입을 모아 소리쳤어요.

"우와! 뒤집기를 하니까 위와 아래, 그리고 왼쪽과 오른쪽의 모양이 바뀌었어!"

오일러는 이번엔 도형을 들고 돌려 보았어요.

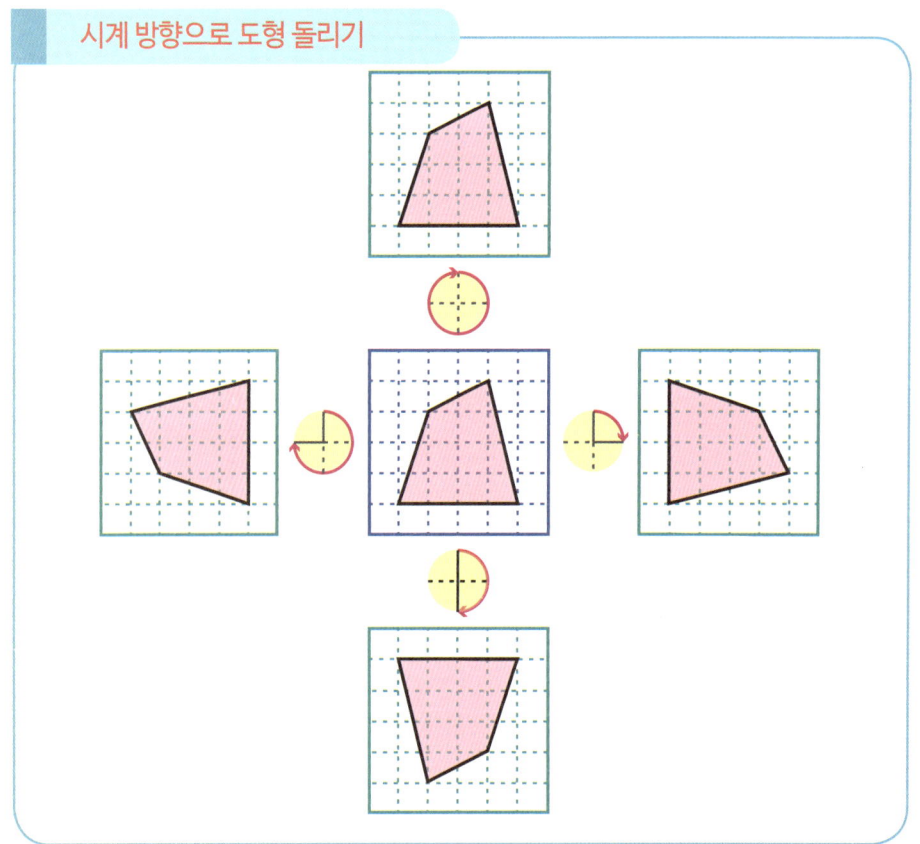

시계 방향으로 도형 돌리기

시계 반대 방향으로 도형 돌리기

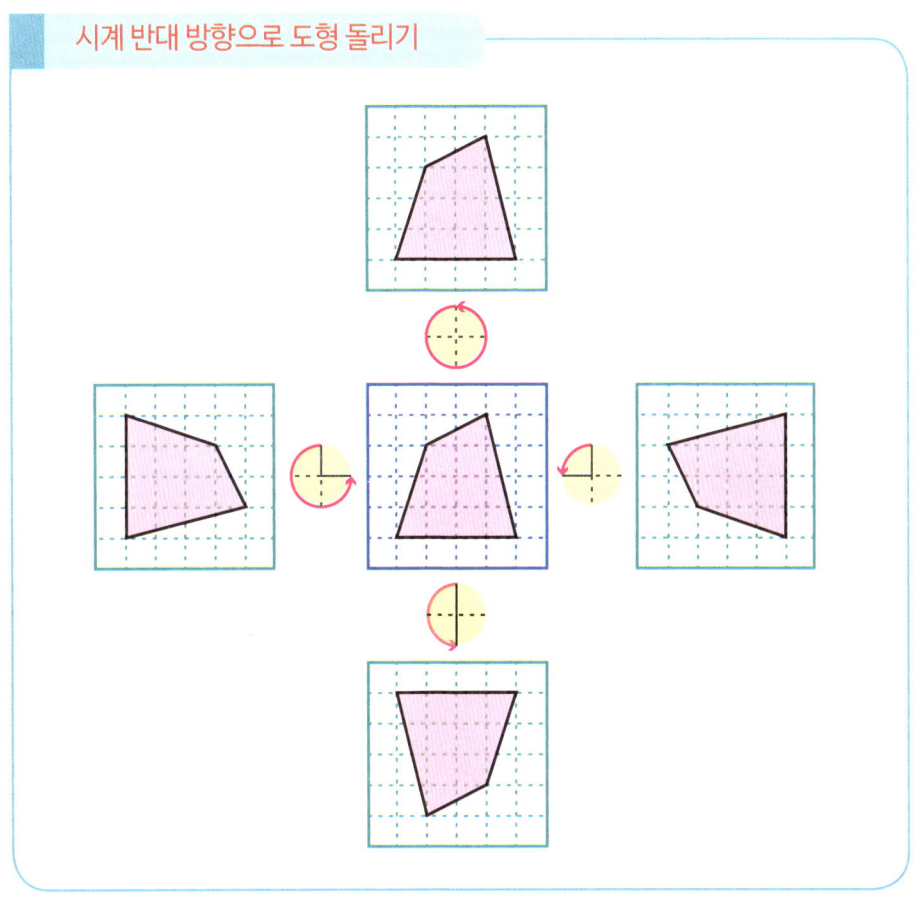

"우와! 도형을 돌리니까, 위와 아래의 모양, 그리고 왼쪽과 오른쪽의 모양이 마구 바뀌잖아."

"맞아요. 이렇게 도형을 이동시키고, 뒤집고, 돌리기도 해서 퍼즐을 맞추듯이 도형을 맞추면 되는 거예요. 자, 그럼 모두 힘을 모아서 이동 무대를 고쳐 보자고요. 도형 맞추기 시작!"

오일러의 말에 사람들은 신이 나서 무대를 만들기 시작했지요.

위와 아래로 옮기고, 이리 저리 돌리면서 만드는 무대는 마치 놀이 같았어요. 그야말로 대형 퍼즐 맞추기가 된 거지요.

그런데 한참 무대를 만들던 매씨가 카렌을 향해 소리쳤어요.

"카렌! 이 도형과 합동인 도형을 찾아 봐."

카렌은 고개를 갸웃했지요.

"합동이 뭐야?"

매씨는 삼각형판을 들고서 카렌을 향해 다시 소리쳤어요.

"모양과 크기가 같아서 완전히 포개지는 두 도형을 합동이라고 하는 거야."

"아하! 똑같은 도형을 찾아 달라는 거구나."

카렌은 그제야 고개를 끄덕이며 주위를 두리번거렸어요.

그런데 매씨가 원하는 합동 도형을 찾은 건 분노여왕이었어요.

"합동인 도형, 여기 있어!"

마음이 다급해진 분노여왕도 주변을 살피기 시작했고, 카렌보다 먼저 도형을 찾아낸 거예요. 여왕이 보낸 도형을 집어든 매씨는 빙그레 웃었어요.

"두 도형이 합동일 때, 이 두 도형을 완전히 포개어 보면 꼭짓점,

변, 각이 각각 겹쳐지지요. 이때, 겹쳐지는 꼭짓점을 대응점, 겹쳐지는 변을 대응변, 겹쳐지는 각을 대응각이라고 해요. 여왕님이 보낸 도형과 제가 가진 도형이 딱 겹쳐졌어요. 합동이 맞아요, 여왕님!"

"그렇지? 내가 눈썰미가 아주 좋거든."

여왕은 마치 아이처럼 좋아했지요.

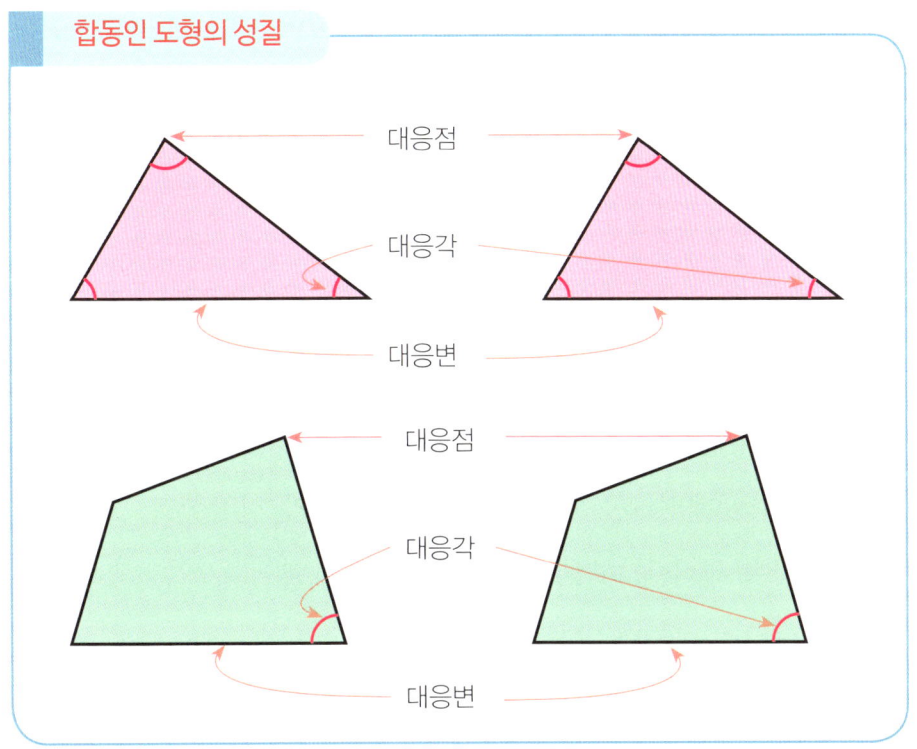

합동인 도형의 성질

오일러가 크기만 다른 삼각형 판 세 개를 들고 일어선 건 그때였어요.

"여러분, 퀴즈예요. 크기와 모양이 똑같은 도형은 합동이라고 했어요. 그럼 이 세 개의 삼각형들처럼 모양은 같은데 크기가 다른 걸 뭐라고 할까요?"

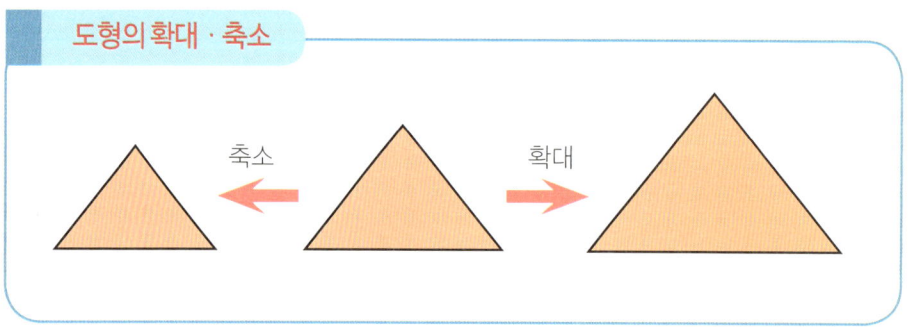

신데렐라가 고개를 갸웃거리더니 말했어요.

"저건 도형을 확대하거나 축소한 거잖아. 근데 그렇게 해도 여전히 서로 닮았어."

그러자 왕자님이 소리쳤지요.

"맞아. 그럼 '닮음'이라고 하면 되지 뭐."

"딩동댕! 정답입니다. 어떤 도형을 일정한 비율로 확대하거나 축소한 도형을 '서로 닮음'이라고 하거든요. 축하해요! 이제 여러분은 모두 도형 박사가 된 겁니다."

오일러는 기쁜 표정으로 박수를 쳤어요.

그러는 사이 어느새 무대가 완성되었지요. 절대로 무너지지 않을 튼튼한 무대였어요.

"자, 이제 다 같이 춤을 춥시다!"

가장 먼저 무대로 나선 사람은 피노키오였어요. 피노키오는 정 가운데에 턱 버티고 섰지요. 그러자 이번에 매씨와 오일러가 뒤를 이었어요. 피노키오의 뒤에서 삼각형 모양의 꼭짓점이 된 거예요.

음악이 흐르자 피노키오와 매씨, 오일러는 신나게 꼭짓점 댄스를 추기 시작했지요.

"우와! 저 춤 정말 재밌어 보이는데."

"나도 춰 볼래."

신데렐라와 왕자님도 뒤를 이었어요. 카렌도 그 뒤를 따랐고, 여왕님과 병정들까지 춤을 추기 시작했지요. 언제 왔는지, 문지기 토끼까지 무대로 올라왔어요.

그 순간 신기한 일이 벌어졌어요. 한참 춤을 추다 보니, 부서졌던 건물들이 제자리를 찾아가기 시작했어요. 이상한 나라가 정상으로 돌아간 거예요. 그러자 매씨와 오일러가 서 있던 곳에 둥그런 문이 생겼어요.

펑!

커다란 소리와 함께 오일러와 매씨는 다시 문 속으로 빨려들어갔지요.

"멍멍멍!"

낯익은 소리에 오일러는 눈을 떴어요. 강아지 매씨가 꼬리를 치며 오일러를 깨웠지요.

"어라? 너 다시 그냥 강아지로 돌아간 거야?"

오일러는 어리둥절했지요.

"내가 꿈을 꿨나?"

주변을 살피던 오일러의 입가에 미소가 활짝 번졌어요. 머리맡에 『절대수학사전』이 놓여 있었거든요. 꿈이 아니라는 증거지요. 사전을 펼쳐본 오일러의 얼굴은 더욱 밝아졌어요.

"도형 편이 돌아왔어!"

사라졌던 도형 편이 채워져 있었어요.

"왈왈왈!"

매씨도 기쁜 듯 짖어댔지요.

오일러는 매씨를 쓰다듬어 주었어요.

"매씨, 정말 멋진 여행이었어. 물론 아무도 믿지 않겠지만 말이야. 동화 나라도 다시 정상으로 돌아갔으니까 정말 다행이야."

오일러는 안도의 숨을 뱉어내며 활짝 웃었어요.

그런데 정말 모든 게 정상으로 돌아온 걸까요?

정리

평면도형의 이동
평면도형은 옮기고, 뒤집고, 돌릴 수 있어요.
평면도형을 옮기기만 하면 모양과 크기는 변하지 않지요.
하지만 뒤집기나 돌리기를 하면 위와 아래, 그리고 왼쪽과 오른쪽의 모양이 바뀌어요.

도형의 합동과 닮음
모양과 크기가 같아서 완전히 포개지는 두 도형을 합동이라고 해요. 두 도형이 합동일 때, 이 두 도형을 완전히 포개어 보면 꼭짓점, 변, 각이 각각 겹쳐지지요.
이때, 겹쳐지는 꼭짓점을 대응점, 겹쳐지는 변을 대응변, 겹쳐지는 각을 대응각이라고 해요. 합동인 도형에서 대응변의 길이와 대응각의 크기는 서로 같지요.
반면 어떤 도형을 일정한 비율로 확대하거나 축소한 도형을 서로 닮음이라고 해요.

예술에서 수학 읽기

에셔의 테셀레이션

테셀레이션이란 한 가지 이상의 도형을 이용해 틈이나 포개짐 없이 평면이나 공간을 완전하게 덮는 것을 말해요. 'tessella'란 말은 라틴어에서 유래되었는데, 고대 로마 모자이크에 사용되었던 작은 정사각형 모양의 돌 또는 타일을 의미한답니다.

우리말로는 '쪽매맞춤'이라고 하는데, 우리 주변에서 흔히 보게 되는 바닥과 벽에 깔린 타일, 모자이크 등이 모두 여기에 속하지요.

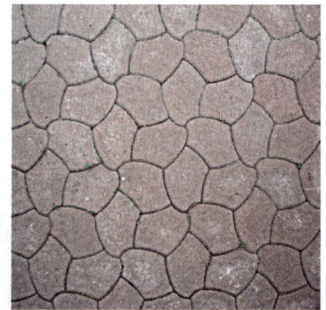

보도 블록

테셀레이션은 모양을 일정한 거리만큼 움직이는 '평행이동', 거울에 반사된 것처럼 모양을 뒤집는 '반사', 그리고 한 점을 중심으로 모양을 돌리는 '회전'과 평행이동과 반사를 결합한 '미끄러짐 반사'의 네 가지 변형을 통해 만들 수 있답니다.

테셀레이션은 기원전 4세기의 이슬람문화에서 쉽게 찾을 수 있어요. 벽걸이 융단, 퀼트, 옷, 깔개, 가구의 타일, 건축물 등에 다양한 테셀레이션이 등장하지요. 이집트, 무어인, 로마, 페르시아, 그리스, 비잔틴, 아라비아, 일본, 중국 등

타일

지에서도 이런 문양은 많이 발견되고 있어요. 스페인의 그라나다에 위치한 이슬람식 건축물인 알함브라(Alhambra) 궁전도 테셀레이션 문양으로 유명하지요.

에셔

네델란드의 화가인 에셔(M.C.Escher;1898~1972)는 테셀레이션을 미술의 한 장르로 정착시키는데 공헌한 사람이에요. 에셔는 초기 작품에서 풍경이나 도시 풍경을 주로 다루다가 1936년 무렵부터는 그만의 독특한 패턴과 공간의 환영을 반복하는 작품을 만들게 되었지요.

사실 에셔의 이런 변화에는 이슬람인들의 모자이크가 원인이 되었답니다. 그것을 통해 영감을 받은 에셔는 단순한 기하학적 무늬에서 수학적 변환을 이용하여 창조적인 형태의 '테셀레이션' 작품들을 만들어냈거든요. 그의 작품의 소재들은 새, 물고기, 도마뱀, 개, 나비, 사람 등 아주 다양해요. 에셔의 작품에서 끊임없이 다뤄지고 있는 것은 반복과 순환이라는 고리예요. 에셔는 반복되는 기하학적 패턴을 이용하여 대칭의 미를 추구하고 있지요.

에셔가 주목받기 시작한 건 1956년 최초의 개인전시회를 열고부터예요. 그것이 《타임》에 소개되면서 세계적인 명성을 얻게 되었지요. 그의 그림은 특히 수학자들을 매료시켰는데, 수학의 원리들을 아주 독창적인 방식으로 시각화하고 있기 때문이라고 해요.

에셔의 대표 작품엔 「하늘과 바다」(1938), 「대칭 45」(1941), 「도마뱀」(1943), 「높고 낮음」(1947), 「폭포」(1961) 등이 있어요.